AF390317

Pierre Boulez,
aujourd'hui

Laurent Bayle

Pierre Boulez,
aujourd'hui

© ODILE JACOB, janvier 2025
3, rue Auguste-Comte, 75006 Paris

www.odilejacob.fr

ISBN : 978-2-4150-1168-0

« On peut bien s'arroger le loisir de définir les affinités, dans le repos et le relâchement de la réflexion ; mais cette détonation, puis ce silence en soi qui s'agrandit au-delà de toute estimation, puis cette force incoercible et cette brutalité qui vous projettent hors des limites perçues soudain inacceptables, rares, rares sont les face-à-face capables de les déclencher. »

Pierre BOULEZ, « René Char »,
Libération, 20 juin 1983.

Regard sur autrui

Vous ne trouverez dans ce livre ni la synthèse de la vie artistique de Pierre Boulez, ni celle de sa pensée, encore moins une élucidation de l'une par l'autre. Que son œuvre, comme tout objet de création, ait été le produit d'une trajectoire sans pareille, j'en suis convaincu. Mais d'autres ont déjà avec talent défriché ce terrain – je pense, en premier lieu, à l'imposante biographie de Christian Merlin publiée aux éditions Fayard en 2019.

« L'histoire connaît des ensommeillements, des arrêts, des hibernations stériles, puis, à l'opposé, des hypertrophies, des excès », souligne Roland Barthes dans un essai critique consacré à Jules Michelet[1]. Sans équivoque, le musicien attesté du « ni maître ni disciple », figure centrale de la modernité au parcours charpenté et néanmoins aimanté par l'inconnu, a su en maintes occasions faire sienne cette tension palpable qui noue chez lui théorie, écriture et politique institutionnelle. Face à une existence aussi accomplie, aux contours saillants, ma modeste contribution mémorielle sera d'essayer de capter

---

1. Roland Barthes, *Michelet par lui-même*, Seuil, 1954.

quelques « fragments » d'un tout mouvant et multiforme, propres à traduire l'élan et les doutes ayant habité une personnalité hors norme, pour qui la composition est l'art par excellence de l'« in-fini ».

*

Je me souviens avec crédulité de l'intrusion de Pierre Boulez dans mon quotidien. Passé mes études universitaires et mes premières armes au service d'une compagnie se flattant de renouveler l'approche lyrique avec des moyens dérisoires, j'avais subitement l'occasion de prendre mon envol, à la faveur du volontarisme budgétaire impulsé par l'arrivée de la gauche au pouvoir et celle de Jack Lang au ministère de la Culture. En 1982, le festival Musica était créé à Strasbourg, avec pour mission explicite de réconcilier les pratiques novatrices et le grand public. Le parti pris, affiché avec candeur, inspirait quelques moues de dépit : un rajeunissement jugé hasardeux, un lifting esthétique forcément arbitraire, des subventions généreuses sitôt dénoncées par les réseaux en place. Pour ne rien arranger, la charge du nouveau-né m'était confiée à la stupéfaction générale. Mon expérience était réduite, mon entregent plus encore ; du haut de mes trente et un ans, je n'avais aucune légitimité.

Au cœur de la tourmente, une surprise m'attendait à la lecture d'une déclaration inopinée de Pierre Boulez que je ne connaissais alors qu'à travers mes relations avec ses représentants. La vedette de notre édition à venir, invitée à diriger un concert-fleuve en hommage au compositeur Edgard Varèse, donnait le ton, en conclusion d'une longue interview parue en juin 1983 à la une du quotidien régional : « Cette boulimie provoque le tournis. Même à Paris, dès qu'on prend le risque d'interpréter des œuvres exigeantes, on peine à remplir une salle. On ferait mieux de consolider l'existant que de se propulser dans l'éphémère. » S'agissait-il d'une réaction à l'activisme débridé des services ministériels, perçu comme une intention de « casser le monopole boulézien » ? D'une sorte de condescendance à l'égard d'un novice prétendant naïvement emprunter des voies insolites ? Ou du scepticisme sincère d'un acteur bien placé pour apprécier les difficultés attachées à la transmission des expressions contemporaines ? Il était trop tard pour polémiquer. Je préférai garder mes distances et mobiliser les forces internes pour que la venue de notre tête d'affiche bougonne soit une réussite incontestable.

Le rite initiatique affronté avec succès, je reçus une demande de rencontre émanant de Pierre Boulez en personne, qui tenait à me dire son étonnement et son plaisir d'avoir ressenti une ferveur locale inattendue. Nous parlâmes de ses expériences passées, du triomphe précoce de ses premiers concerts, de la stupeur des interprètes de l'orchestre de New York lorsqu'il les fit jouer devant des auditoires enthousiastes, assis à même le sol. Le courant passait entre nous. Loin de la statue du commandeur tant décrite, je découvrais un homme vif, affable, au regard franc et profond, qui écoutait et cherchait à comprendre les ressorts de mon odyssée naissante. Tout était simple et direct, sans filtre. En moins de rien, la conversation rebondissait, de réflexions sérieuses en joyeuses anecdotes, avec un rare entrain et un humour communicatif. L'échange était radieux et magique, comme si nous nous connaissions depuis toujours. Nous reprîmes date pour poser les bases d'une collaboration attentionnée débouchant sur trois concerts monographiques lors de Musica 86, en ouverture, au mitan et en clôture du festival. Il consacra plus d'un mois de répétition à la concrétisation de ce programme, aux commandes de « son » Intercontemporain, du Chœur de la BBC de Londres ou des orchestres de Baden-Baden et de Bâle. Avec une simplicité confondante.

Déjà, notre association était à l'œuvre. Avant l'hiver 1986, il me convia à le rejoindre à l'Ircam, son institut de recherche parisien adossé au Centre Pompidou et fondé une décennie auparavant, en qualité de directeur artistique, dans la perspective de prendre à terme sa succession. Après la frénésie du temps de l'événementiel et de l'éphémère venait l'introspection, le recul, voire le recueillement induit par toute plongée au cœur du processus créatif.

L'adaptation s'est révélée difficile quand bien même, pendant ma longue période d'apprentissage, je n'entrevis en aucune façon que mon entente avec Pierre Boulez pût être altérée. Il se montra d'une bienveillance extrême. Devant mon impatience, sa parade préférée était de m'impliquer dans des dossiers sans lien avec mes fonctions, mais qui élargissaient mes vues. J'eus l'opportunité, entre autres choses, de le représenter au comité stratégique d'Arte France, née en 1986 sous l'intitulé « La Sept ». D'autres affaires brûlantes nous liguèrent de concert, au destin moins heureux. Ainsi de la saga de la construction de l'Opéra Bastille, interrompue brutalement par le limogeage du directeur musical désigné, l'ami de toujours, le chef d'orchestre Daniel Barenboïm, juste après la célébration du bicentenaire de la Révolution française. Par contrecoup, Pierre Boulez, mi-désabusé mi-revanchard, ne tarda pas à s'investir résolument – trop, de l'avis de ses adversaires – dans la Cité de la musique en phase de préfiguration, tandis que je prenais le plein contrôle de l'Ircam.

Finalement, la seule tension perceptible a été de brève durée. Elle est survenue en 1990, au sujet de réformes de l'Institut que je jugeais urgentes de réaliser. L'espace d'un week-end, tout fut suspendu à son indécision. Le dimanche, il m'invita à un dîner improvisé chez lui : « Laurent, désolé pour cette équivoque. Je veux que nous officialisions ma succession. Il faut qu'elle soit effective dans moins d'un an. Je suis sûr que vous me comprenez. Lorsque vous roulez sur la file de gauche de l'autoroute, si vous voyez un panneau vous indiquant que la chaussée se rétrécit, vous devez tempérer votre ardeur. » À mon tour de trouver la parade ajustée à son propos embarrassé : « Pierre, je croyais au contraire qu'il fallait accélérer et mettre le feu aux institutions. » L'allusion à sa boutade envers les maisons d'opéra, lancée en 1967 dans la presse allemande, le surprit et l'amusa. Nous passâmes la soirée comme deux compères inséparables qui ne se seraient pas vus depuis des lustres et auraient des milliers d'histoires à se raconter. Notre union sera désormais indéfectible.

À l'Ircam, je me suis réellement épanoui auprès de musiciens et de scientifiques de grand talent. J'ai parfait ma compréhension des rouages de l'administration et des relations avec les tutelles, les médias et la société civile. Ma filiation avec Pierre Boulez n'a pas engendré de mimétisme. Je me sentais proche de son univers tout en affectionnant des styles qui lui étaient étrangers, pour ne pas dire plus. Cet écart n'introduisit aucune gêne. Nous n'éprouvions ni l'un ni l'autre la nécessité d'en débattre. Ce qui nous rapprochait était de l'ordre de l'immanence artistique. J'ai décelé dans sa création une forme d'absolu, l'énigme inexpliquée du génie. Notre amitié profonde s'est prévalue de cette sève nourricière. Le retrouver au gré de ses voyages, me joindre à ses concerts, refaire le monde dans des tête-à-tête imprégnés parfois de gravité, souvent de sérénité, d'humanité et de jovialité, a représenté un bonheur simple et ancré en moi. Bien sûr, l'âge aidant, au changement de millénaire, il commença à se détacher du combat « politique » et à se replier sur sa stricte activité. De ce retrait non plus, nous ne parlions guère, par pudeur et refus d'admettre un quelconque lâcher-prise.

Notre dessein commun aura été de poser les fondements de ce que nous appelions entre nous, dans un flou assumé, un indispensable renouveau de la vie musicale. Sa force d'engagement, la pertinence de ses analyses, sa capacité à effectuer des contre-pieds sans se renier sur le fond, représentent un terrain d'observation dont j'ai essayé de tirer le meilleur parti. J'ai ainsi expérimenté que chaque équilibre est par nature instable et que les institutions donnent couramment prise à un certain enfermement, bien que leur rôle soit de stimuler la circulation des idées et l'audace. À cet égard, ma nomination en 2001 à la tête de la Cité de la musique résonna en moi comme un appel. Elle répondait à un besoin d'inscrire ma démarche dans un contexte élargi, où le savant et le populaire, le répertoire et l'expérimental puissent se conjuguer. Par-dessus tout, elle me fixait un cap lointain mais glorieux, celui de tenter de parachever la transformation du parc de la Villette en menant, en première ligne, le combat pour l'adjonction de la « grande salle symphonique qui manque à la France ». Nous l'appelions de nos vœux depuis si longtemps, avec une telle insistance, qu'elle finissait par susciter une adversité farouche et se métamorphoser en un idéal dont nous craignions de ne pas obtenir la concrétisation.

Le pire n'est jamais certain. En matière de décisions publiques, l'action est toujours tributaire de fâcheuses tergiversations et volte-face. Il fallut attendre 2006 pour que – miraculeusement – l'annonce officialisant ce qui se nommera ultérieurement la Philharmonie de Paris soit proclamée. De son côté, intraitable, le temps faisait son office et m'insufflait impudemment que ma relation avec Pierre Boulez était conduite à épouser d'autres contours, progressivement détachés des contingences professionnelles, à la fois plus libres et plus affectifs. Destinée fatale : il ne suivit que de très loin les dérives du chantier et n'assista pas, en 2015, à l'inauguration de l'équipement tant sollicité.

*

Le milieu culturel voit en moi son proche compagnon de route et, incidemment, son dépositaire artistique. J'aurai partagé le quotidien, non pas du Boulez de l'irruption, mais de celui de la maturité, sinon de la sagesse. Je ne saurais cependant réduire une personnalité aussi riche et aussi complexe à ma seule perception. Notre attache n'avait rien d'exclusif. Il se sentait chez lui dans des environnements divers et entretenait de fortes affinités où qu'il se trouvât, Baden-Baden, Londres, New York, Chicago, Los Angeles, Tokyo ou Paris. Au-delà du rhizome fédérateur engendré par son cosmopolitisme, il n'existe pas de vérité unique de nature à le circonscrire, juste des prismes singuliers conditionnant des façons d'interpréter sa pensée, ses actes, ses fidélités et ses fragilités.

Au moment de déposer ce « regard sur autrui », en référence au titre donné à l'un des volumes de l'édition de l'ensemble de ses articles[1], j'éprouve le désir, sans doute vain, de poursuivre un dialogue à distance et de mettre à nu quelques défis relevés, dans l'espoir de rendre à l'homme sa cohérence, dans le respect

---

1. Pierre Boulez, *Regards sur autrui. Points de repère*, Christian Bourgois, 2005.

de son intimité. En revisitant certaines des thématiques récurrentes qui structurent sa trajectoire, peut-être parviendrai-je à convoquer un peu de ses valeurs, en tout cas telles que je m'en suis imprégné, et à les projeter dans notre présent, en les confrontant à nos préoccupations, nos doutes et nos espoirs pour les générations futures.

J'en reviens au propos initial de Barthes : l'histoire n'est pas linéaire ; elle stagne puis accélère autour d'épisodes clés où se croisent les dynamiques de transformation du monde. Nul doute que nos années 2020, tragiques à bien des égards, constituent l'un de ces nœuds. Aux esprits chagrins qui seraient tentés de relativiser « l'irradiation boulézienne » en brandissant les spectres de l'élitisme, du formalisme, du sectarisme ou de la rigueur asséchante comme autant de manières qui ne correspondraient plus à nos expectatives, j'objecterais l'urgence que nous ressentons tous de rétablir, sur fond d'intérêt général, un monde animé d'une lumière vive.

Retour aux sources

Y a-t-il une vie en dehors de la musique ? Compositeur, chef d'orchestre, théoricien, défenseur acharné de la création laissant volontiers libre cours à une verve polémique légendaire, Pierre Boulez a imprimé une marque exclusive sur la seconde moitié du xxe siècle. La profusion de ses réalisations a de quoi surprendre, à telle enseigne que, près de dix ans après sa disparition, son parcours échappe encore à toute tentative de classification.

Pour le pire et le meilleur, dans l'imaginaire collectif, il est l'emblème de la radicalité de la musique contemporaine. Le pire gravite autour des notions de rupture et de pouvoir. Il serait coupable d'avoir rejeté la tradition et profité de la générosité des gouvernants successifs dans le but d'édifier un monument à sa propre gloire. Pour preuve irréfutable, le « grand public » est pris à témoin, qui ne se reconnaîtrait pas dans une complexité formelle éloignée des credo dominants. Admettons. Mais l'apparente évidence de cette loi des grands nombres peine à masquer une vérité parallèle, à savoir qu'une entreprise méthodique de dépréciation a été patiemment et farouchement façonnée par ses contempteurs. Ils l'ont, une fois pour toutes, caricaturé en chantre du sérialisme intégral, ayant fait table rase de notre héritage stylistique pour installer une aridité qui se serait abusivement voulue rite de purification.

Quand j'abordais avec lui cette controverse, il prenait le parti de sourire des attaques que son tempérament batailleur a alimentées dès ses débuts professionnels et auxquelles il a fini par s'accoutumer. Il se défendait en rappelant l'ambiance équivoque de l'après-guerre qu'un propos emprunté au peintre Fernand Léger, de retour des États-Unis où il s'était réfugié durant le conflit mondial, résume foncièrement : « Nous vivons une époque dangereuse et magnifique dans laquelle s'enlacent désespérément la fin d'un monde et la naissance d'un autre. » Afin d'expliciter les apports de cette conjoncture à la genèse de la pensée de Pierre Boulez, la formule sera reproduite en 2015, un an avant sa disparition, en exergue d'une exposition de la Cité de la musique retraçant sa carrière.

Il a vingt ans en 1945. Arrivé de Montbrison, capitale de son Forez natal, il s'est déjà installé, après un bref passage à Lyon, dans un Paris où tout est à rebâtir sur des fondations qu'il espère audacieuses, avec une fringale de découvertes et une urgence à rattraper le temps perdu. L'esprit d'aventure du rebelle se double d'une intellectualité qui exerce sur ses proches une fascination certaine. En 1946, le comédien et metteur en scène Jean-Louis Barrault, tel qu'il l'expliquera dans les *Cahiers* de sa compagnie, confie à ce « jeune chat qui jouait parfois à la panthère enragée » un poste peu convoité de chef de fosse, au théâtre Marigny, avant d'accueillir les concerts de son Domaine musical et de revendiquer leur filiation affective : « Derrière sa sauvagerie anarchiste, nous sentions la pudeur extrême d'un tempérament rare, une sensibilité à fleur de peau, voire une sentimentalité secrète. [...] Nous étions du même sang. Il se révélait de la famille. »

Espoirs et tourments de la jeunesse : il serait vain de nier qu'il est passé alors, jusqu'à son virage des années 1950, par une phase de doute qui l'a poussé à tenter de pulvériser le vocabulaire classique. Il avait la conviction de survenir à un tournant de l'histoire, tant au niveau de l'écriture qu'en matière de technologies naissantes. Lors de nos dialogues privés, il me confessait gaiement avoir délibérément privilégié, parmi les formes du passé, celles qui, « par leur richesse, interpénètrent différents niveaux de lecture, ne se donnent pas totalement à l'écoute fugitive, mais dont l'approfondissement permet, à la façon des poupées russes ou de l'oignon qu'on épluche, de démasquer des objets à l'intérieur de l'objet déjà identifié ». Son esprit sélectif n'était cependant pas aussi ravageur qu'il a pu être dit. La violence de ses partis pris esthétiques et l'effronterie de ses déclarations ne l'ont pas empêché d'entretenir des relations obligées avec de grands devanciers qu'il estimait, à sa manière, derrière l'aplomb du dynamiteur : Paul Claudel, Arthur Honegger ou Olivier Messiaen.

En vérité, s'il fascinait ses condisciples, il ne se sentait le gardien d'aucun temple, trop accaparé à bousculer ses propres icônes. Qui aime bien châtie bien : dans un article au titre mémorable, « Schönberg is dead », paru en 1952, il n'hésite pas à reprocher à son célèbre devancier de ne pas s'être assez libéré des amarres de la rhétorique classique dans sa démarche novatrice. La critique acérée traduit surtout son obsession du moment : l'ambition d'asseoir son identité et d'établir son lexique, en triant sur le volet ses sources, afin de mieux explorer de nouveaux modes combinatoires. L'audace n'exprime pas une proscription, mais l'urgence de formuler une synthèse personnelle qui empruntera aussi bien à la concision d'Anton von Webern, à l'alchimie sonore modelée par Claude Debussy, qu'aux « personnages rythmiques » du premier Stravinsky.

La mue s'opère à découvert, sans artifice : il aspire ouvertement à sortir par le haut de la parenthèse rigoriste qu'il s'est imposée. Entre 1952 et 1954, il conçoit *Le Marteau sans maître* sur trois poèmes tirés du recueil éponyme de René Char : « L'Artisanat furieux », « Commentaires et bourreaux de solitude » et « Bel édifice et les pressentiments ». Ce séisme historique est aussitôt perçu comme un clin d'œil au père de « la seconde école de Vienne » qu'il venait pourtant de rabrouer gentiment. Une sorte de pied de nez aux glossateurs. Assurément, un hommage assumé au précurseur en avance sur son temps qui, lui aussi, avait souhaité dépasser l'horizon postromantique et s'était déclaré « conscient d'avoir brisé tous les vestiges d'une esthétique passée » : en 1912, Arnold Schönberg composait son *Pierrot lunaire*, entre « cabaret supérieur » et sentiment de fin du monde, venant parachever les acquis de sa période dite atonale. Cet opus 21, qui faisait varier à l'infini des formes archaïques en édictant des architectures sonores insolites, combinait une succession de trois sections de sept pièces chacune. En réponse à cet ordonnancement, quarante ans après, *Le Marteau sans maître* fait place à l'interpénétration de trois cycles, de dimensions distinctes, unifiés en neuf mouvements. Les deux œuvres s'appuient également sur la « géométrie variable » d'un effectif réduit.

Mais à chacun son monde : la couleur boulézienne, aisément repérable, rappelle lointainement un orchestre gamelan balinais. L'assemblage inédit, autour d'un percussionniste qui sert de guide, affirme sans détour ses origines composites : outre la voix de femme, la flûte et l'alto, « le xylomarimba transpose le balafon africain, le vibraphone se réfère au gender balinais, la guitare se souvient du koto japonais ». Cet enrichissement du vocabulaire sonore européen ne se rattache pour autant à aucune tradition « exotique ». Le réseau arborescent qui se déploie dans cette combinatoire sophistiquée de hauteurs, rythmes, dynamiques et timbres, aux aspects cérémoniels et hiératiques, devient sur-le-champ un jalon emblématique de tout une époque, l'un des plus commentés de l'avant-garde. Le compositeur y prend acte de l'approche aphoristique de Char. Chaque vocable provoque en lui une décharge : « C'est comme si vous découvriez un silex taillé : une espèce de violence contenue, intérieure, concentrée sur une expression tendue. » Il ne suit pas la voie conventionnelle de l'illustration, cherchant plutôt à établir avec les sons un équivalent des mots et de l'atmosphère d'essence surréaliste. Des proliférations instrumentales tantôt agencent des sections autonomes et instables, libérées du texte, tantôt se greffent finement aux interventions vocales qui prolongent l'ascèse schönbergienne en explorant la palette du chant jusqu'au *sprechgesang*, au *parlando* ou à la profération bouche fermée. Le langage se détend pour dévoiler un discours mélodique et un agrément auditif qui contrastent avec toute insensibilité supposée. Le prodige n'a pas trente ans. Sa légende est en marche.

J'ai eu régulièrement l'occasion d'écouter *Le Marteau* sous la direction de son concepteur, le plus souvent sublimé par ses solistes d'élection. L'œuvre ne se livre pas de prime abord ; elle paraît en outre marquée historiquement par sa dénotation extra-européenne. Néanmoins, dès l'instant où j'ai fait l'effort de me laisser absorber, j'ai éprouvé la sensation physique que « l'ardente quête de libération clamée par la poésie » avait rencontré ici une incarnation magistrale.

*

Le compositeur divise, mais c'est sur le terrain de l'intérêt général que Pierre Boulez sera le plus contesté par ses détracteurs

21

dénonçant une omniprésence fatalement qualifiée d'auto-cratique et sectaire, tandis que son cheminement et le bilan de son accomplissement sans pareil auraient mérité plus de nuances et de considération.

Sa vocation remonte à loin. Il s'est convaincu précocement qu'il ne saurait se contenter d'un rôle de spectateur indifférent. La musique est son monde, et il refuse de se tenir au-dessus de la mêlée. Sa « suractivité » protéiforme assumée, suspecte à l'endroit des sceptiques, vise à libérer une pensée novatrice, aux ressorts plus altruistes que la simple addition de prouesses strictement personnelles. Elle a engendré de fait un récit sans précédent, entre démesure et *self-control*, attisé en son centre par l'embrasement de l'acte créateur, où le jeu avec l'impré-visible et le « hasard suscité » rivalise avec la cohérence et la détermination.

Il s'est tout d'abord attaché à fonder des institutions de nature expérimentale, qui constituent des références mar-quantes : dès le 13 janvier 1954, une soirée inaugurale aux allures de manifeste esthétique érige ses concerts du Domaine musical en un haut lieu de la « radicalité » ; deux décennies plus tard, il porte sur les fonts baptismaux l'Ircam dévolu à la recherche et son pendant orchestral, l'Ensemble intercon-temporain. Son nom est de surcroît indissociable de la gesta-tion des grands projets parisiens, plus généralistes, que sont l'Opéra Bastille inauguré en 1989 et, surtout, la Cité de la musique qui ouvrira ses portes en 1995. Signe de cohésion organique, cette confrontation endémique entre patrimoine et création est traversée par le fil rouge de la transmission. Il enseigne dès 1961 l'analyse et la composition à Bâle, occupe de 1976 à 1995 une chaire au Collège de France, avant de lancer en 2003 l'Académie du festival de Lucerne réservée aux jeunes compositeurs et interprètes. Sans oublier d'agréger à ce panorama déjà agité ses diverses charges de direction musicale, assumées auprès des plus prestigieux organismes internationaux qui profiteront de son expertise pour rénover leur modèle, à Cleveland, Londres, New York ou Bayreuth.

Un itinéraire aussi pluriel n'a pas manqué de placer devant un dilemme inconfortable celui qui s'est donné pour but de « promouvoir la pensée *contemporaine* dans tous les domaines ». Tandis qu'il défendra sa vie durant une approche holistique de l'art, il aura à composer avec des responsables politiques souvent de passage et pas forcément investis ni armés pour effectuer les arbitrages à ses yeux les plus opportuns. Cet écart troublant, parfois désespérant, aide à décoder quelques-unes des colères qui rythmeront ses combats et motiveront un mauvais procès en intolérance.

Être de chaque bataille sans y perdre son âme : malgré l'âpreté des luttes de pouvoir, une impression de rigueur et de probité émergera invariablement de son expérience accumulée, stimulée par une volonté farouche de rénovation qu'il a portée plus loin que ses pairs. Un appétit à ce point ardent de découvertes ne se décrète pas. Les analyses approfondies d'exégètes incontestés – celles notamment de Philippe Albèra, Hugues Dufourt et Robert Piencikowski – l'ont souligné : le contexte dans lequel il s'est formé, même s'il n'élucide pas tout, renseigne comment ce créateur précoce, issu de la notabilité provinciale, s'est métamorphosé en musicien aguerri, entêté mais pragmatique, qu'une série de « hasards provoqués » a configuré en chef d'orchestre, organisateur atypique, pédagogue, enfin, en penseur doublé d'un cinglant duelliste.

Pierre Boulez a mené son action comme si le biotope de son enfance représentait un repoussoir dont il s'est appliqué à prendre le contre-pied jusqu'à forger son idée fixe : « moderniser », afin de mieux dénoncer les survivances d'un monde honni et de transmettre un monde meilleur. Cette hardiesse intraitable ne peut s'apprécier qu'à l'aune de l'échec généralisé de l'entre-deux-guerres. La France vivait pour lors repliée sur elle-même et tentait d'élever ses dogmes petits-bourgeois en valeurs nationales. Redoutant la montée de la classe ouvrière, source selon elles d'instabilité toxique, les strates dirigeantes ont freiné l'élan du tissu industriel en refusant de le réformer. Embourbée dans la crainte de l'universel et d'une belligérance extérieure, une large majorité silencieuse les rejoindra dans leur déni en choisissant la capitulation et le ralliement massif au pétainisme.

Une nation a la culture qu'elle mérite. Durant cette période de déchirement, Erik Satie, Darius Milhaud, Jacques Ibert ou Jean Cocteau ont figuré à merveille une prétendue joie de vivre dédaignant le sérieux des grandes formes pour leur préférer la dérision et la frivolité. Sous le masque de la légèreté et de l'élégance, l'individualisme a fini par entretenir un certain vide de la pensée et une fuite frénétique dans l'ivresse (*Paris est une fête,* titrait un livre posthume d'Ernest Hemingway). Après la brève fougue des Années folles, l'époque s'est plongée dans le divertissement, présumé représenter la sérénité retrouvée, protégeant l'art de la débâcle de la Grande Dépression. La réaction de Pierre Boulez sera à la hauteur du cataclysme. Dès 1945, il a endossé une conduite de franc-tireur et s'est placé en chef de file de l'insubordination. Son choix d'en finir avec une caste rétrograde ayant refoulé le progrès technoscientifique trouvera partout – quoique plus difficilement en France – le soutien éprouvé des réformateurs décidés à rebâtir le monde sur des fondements rationalistes.

Le clan conservateur ne s'y est pas trompé, qui en a fait sa cible favorite. En 1954, dans le journal *Comœdia*, cette bien-pensance ciblait sans retenue son « tempérament sauvage », sous la plume déjà amère du futur chancelier de l'Institut de France qui deviendra bientôt son ennemi juré, Marcel Landowski : « Une façon de haine, née d'une philosophie uniquement analytique qui, n'arrivant pas à s'imposer, en veut à l'univers entier de son impuissance. » La réplique de l'accusé ne tardera pas à se produire : « En vérité, je n'ai jamais compris pourquoi le compositeur aurait pour premier devoir de reléguer son intelligence au magasin des accessoires dangereux, voire nuisibles ; il a droit à la réflexion au même titre que tous ses confrères en création. » Avant que le ton ne se fasse moins persifleur, sinon plus charitable : « Le musicien est à la fois un intellectuel et un musicien. *Seule* cette double attitude lui assure la cohérence vis-à-vis de ce qu'il veut exprimer. » Ici, l'attribut *seule* n'exclut pas ; il raccorde la pensée et l'action.

De là vient l'ascendant de Pierre Boulez : il a su intimement relier ces deux polarités que, dans une certaine mesure, l'opinion courante oppose. De bonne heure, il a formalisé ses exigences et il s'est employé à les concrétiser : sortir l'art des sentiers battus en inventant des outils de production adaptés. Il n'a pas appréhendé l'institution comme une donnée intangible à laquelle les artistes seraient sommés de se conformer. Non. En aspirant à l'apprivoiser ou à en définir lui-même les contours, il poursuivait une visée altruiste, propre à éveiller des desseins collectifs. Il en était intimement persuadé : la recherche de plénitude – par nature, non exempte de débordement et de sublimation – conditionne la vitalité de la création ; elle confère aussi aux leaders qui prétendent l'incarner plus de devoirs que de droits.

Littérature

Pierre Boulez est un lecteur assidu – de poésie, de romans, d'essais, d'écrits historiques. Dans les aéroports, les avions, les hôtels, ne pas déranger. Dès qu'il parvient à s'isoler, il « se reconfigure ».

Il a surtout énormément lu, depuis sa formation adolescente qui lui a assuré un socle classique et des repères solides – de Montaigne à Diderot, jusqu'aux grandes fresques du XIXe siècle – doublés d'un penchant parnassien et romantique pour Théophile Gautier, Charles Baudelaire ou Rainer Maria Rilke. Aux alentours de vingt à vingt-cinq ans, l'inscription progressive dans sa vie professionnelle y prêtant la main, son mode d'imprégnation s'est transformé. Il travaillait la nuit, élargissait son horizon culturel le jour et profitait de longs voyages transatlantiques en paquebot, avec la compagnie Renaud-Barrault, pour se ressourcer.

En 1945, il s'est converti à Franz Kafka. L'année suivante, il a dévoré René Char dans *Les Lettres françaises* avant d'acheter d'occasion le recueil *Seuls demeurent* et, sans tarder, d'entrer en contact avec cet aîné qu'il fréquenta régulièrement jusqu'en 1956. Il fit également la connaissance de Paul Claudel en recourant à des fraternités scéniques. Il décoda Héraclite. Une étincelle s'alluma face à *L'Espoir* d'André Malraux, qui s'éteignit brusquement. Sanction analogue pour Jean-Paul Sartre : intrigué par *La Nausée* et *Huis clos*, il s'en détacha aussitôt. La fidèle éditrice Paule Thévenin le fit approcher Antonin Artaud dont il avait entendu une performance, donnée dès juillet 1947, dans le cadre d'une exposition. Il songea à se saisir de ses *Textes mexicains* mais ne sut pas s'en débrouiller. L'amie dévouée organisa en outre sa mise en relation avec Jean Genet. Bien avant de se laisser emporter par sa charge des *Nègres*, il assista avec curiosité à *Haute Surveillance*, aux Mathurins. Nous étions déjà en 1949 : conquis par les travaux sur le « piano préparé » du compositeur new-yorkais John Cage, il organisa un concert en son honneur chez sa protectrice Suzanne Tézenas où il rencontra Henri Michaux. L'heure des grandes échappées avait sonné : il s'attaqua à Fiodor Dostoïevski, Nikolaï Gogol, Heinrich von Kleist et, bien sûr, James Joyce (*Ulysse* d'abord, puis son réseau de complicité américain lui offrit *Finnegans Wake*) ; il se replongea dans Arthur Rimbaud, Stéphane Mallarmé, Lautréamont ; il entrevit les natures solitaires d'Emily Dickinson et Virginia Woolf – à l'opposé, il condamna sans aménité tant l'ambivalence politique d'André Breton que le stalinisme de Louis Aragon.

Il va sur ses vingt-cinq ans, et le puzzle se met en place. Les pièces manquantes ajustent le cadre. En 1952, *En attendant Godot*, de Samuel Beckett, présenté au théâtre Babylone dans une mise en scène de Roger Blin, lui provoqua un choc essentiel. Peu après, lors d'une longue escale états-unienne, Cage le mit en contact avec E. E. Cummings et Ezra Pound (en retour, il le familiarisera avec Mallarmé et Artaud). Compléteront cet inventaire lacunaire le poète Paul Celan, abordé sur l'insistance de Char, et Robert Musil, dont il partagea le sens de l'ironie. Le questionnement existentiel de *L'Homme sans qualités* le remua beaucoup plus que le classicisme détaché de Thomas Mann, l'auteur du *Docteur Faustus – alias* Arnold Schönberg ? –, bien qu'un court texte remontant à 1955 lui exprimât sa reconnaissance d'avoir réussi, dans cette controversée biographie fictive, à dénouer l'essentiel du principe de la série dodécaphonique.

Si fertiles qu'aient été ces plaisirs soudains, ils n'opérèrent pas la même magie que la « méditation philosophique » d'un grand hypocondriaque laissé un temps dans l'ombre, mais dont la seule mention suffit à transfigurer le paysage : Marcel Proust. Pourquoi ce temps de retard à l'allumage ? Ses personnages vivent dans un monde protégé qui n'intéresse pas vraiment le musicien, quand les « anti-héros » de ses autres icônes littéraires appartiennent à une société heurtée qui lui parle. Joyce innovait, revisitait le langage, la grammaire. Proust semblait de prime abord plus timoré. N'empêche que son génie interrogeait une dualité fondamentale : faire et comment faire ? Alors que l'analyse structuraliste obsédait les esprits, sa fréquentation se révéla soudainement une priorité, au point de se muer en un laboratoire sur la manière dont l'œuvre parle d'elle-même, devient métalinguistique, réflexive.

D'autres adoptions surviendront, passagères et moins édifiantes. Toujours par l'entremise de Paule Thévenin, en 1957, il a sympathisé avec Michel Butor qui lui ouvrit les portes du courant prolixe du Nouveau Roman. Il se montra sensible aux jeux temporels du *Passage de Milan*, où le passé est la préfiguration du futur. Si cette juxtaposition des plans le rapprocha des récits intriqués de Claude Simon ou des stéréotypes dénoncés par Nathalie Sarraute dans *Tropismes*, il tint en revanche à l'écart l'émoi érotique d'Alain Robbe-Grillet.

En signe d'entente tacite avec ces expériences d'agencement narratif, il se contenta d'un sous-entendu distrait en divisant le *Livre II* de ses *Structures pour deux pianos* en chapitres. Rien de plus : le compositeur en était déjà à une étape de son développement où ses choix étaient clairement affirmés.

La position de Pierre Boulez à l'égard des philosophes est plus ambiguë. Tout en respectant leur territoire dans lequel il ne voulait pas trop s'aventurer – ce qu'ils lui rendaient –, il a noué des relations privilégiées avec Michel Foucault qu'il croisa très tôt, Gilles Deleuze, Roland Barthes et, plus épisodiquement, Jacques Derrida. Reste le cas Claude Lévi-Strauss qui conserve ses zones de mystère. Nul doute qu'il aura été impressionné par sa capacité, dans laquelle il se retrouvait, à franchir le cercle de l'Occident et à déceler en l'Autre une source de vitalité, telle que le reflète, de *Tristes tropiques* à *La Pensée sauvage*, le plaidoyer de l'anthropologue. Néanmoins, ses déclarations acerbes sur les esthétiques sérielle et concrète, en ouverture de *Le Cru et le Cuit*, installèrent dès 1964 une distance. Là encore, fatale.

*

Le biographe Dominique Jameux définit le triangle Kafka-Joyce-Proust comme une « trinité sainte de l'appropriation patiente (mais éblouie) de la modernité artistique ». Le premier éblouissement boulézien se produisit juste après qu'il se fut infiltré dans le labyrinthe de l'écrivain de la Mitteleuropa. Dès 1946, soit moins de deux ans avant le coup de Prague, il apprit que les communistes, par le truchement de l'hebdomadaire parisien *Action*, posaient la question incongrue : « Faut-il brûler Kafka ? » Interpellé par ce désir d'autodafé des livres du maître de l'humilité, qui avait de son vivant rejeté toute tentative d'assignation et donné l'instruction, non suivie d'effet, de détruire à sa mort ses écrits, il s'est alors immergé dans *Le Procès* et *Le Château* dont il ressentait combien ils renouvelaient l'imaginaire : « Lire un roman de Sartre devenait impossible. » Les prolongements insoupçonnés, dérivant constamment du factuel vers l'irréel, affichent l'oppression de l'environnement dont le conteur se délivre par l'observation aiguë, le sarcasme, la dérision de soi-même : on rit des autres et de son propre malheur. Dans le *Journal* ou les *Fragments narratifs*, les nouvelles débutent avec quelques phrases, puis s'installe une mécanique de pensée infernale, de plus en plus enchevêtrée, à la tonalité sombre qui le dispute au grotesque et au cocasse. La sidération est de taille : comment peut s'élaborer un univers aussi singulier et aussi complexe à partir d'un vocabulaire presque élémentaire, d'une prose aussi neutre que juste ? Celui qui explore par tous les moyens les voies d'une transformation du discours musical s'avoue subjugué par cette mise en abîme indéchiffrable, sans jamais juger y trouver une inspiration directe.

Un ensorcellement identique s'opère avec Joyce, inventant un monde extrêmement réaliste, révélé dans une sémiotique qui occupait une place plus cruciale que le récit. Je l'ai moi-même éprouvé : à vingt-six ans, je décrochai la direction adjointe d'un théâtre de la périphérie lyonnaise ; *Ulysse* était programmé dans une transcription périlleuse du dramaturge Eugène Durif. Les contraintes économiques empêchèrent le projet de se concrétiser, mais je me laissai emporter par cette odyssée d'une inquiétante étrangeté où, durant de longs mois, chacune de mes relectures semblait suivre un sens nouveau. Sur les traces d'Homère, l'exil relate la vie tragi-comique de l'homme, sa quête existentielle, dérisoire et absurde, la condition de l'éternel recommencement.

À l'inverse du prosateur austro-hongrois de *La Métamorphose*, il dresse une architecture très apparente. Tous les chapitres possèdent leur cohérence distinctive : l'un s'attache au développement de la langue anglaise, un autre procède par questions et réponses, une seule phrase parcourt le grand monologue intérieur final. La démarche – et non le contenu – nous connecte avec l'opéra *Wozzeck* d'Alban Berg, également conçu en 1922 : à chaque scène son procédé de variations, sur une passacaille, sur un accord de six notes, sur un motif rythmique… Cette formalisation suprême est l'une des clés d'*Ulysse*. À mi-chemin, dès le chapitre 11 mettant en scène le mythe des Sirènes, Joyce introduit une investigation linguistique qui devient le personnage central et anticipe la radicalisation qu'il adoptera dans *Finnegans Wake* : la syntaxe et la structure sont poussées et à un tel degré distordues que les mots prennent une vie indépendante de leurs racines.

Si ce chef-d'œuvre a tant attiré les musiciens, c'est avant tout qu'il représentait un défi redoutable : le portraitiste de Dublin façonnait un lexique « étranger » qu'il faisait sien, jusqu'aux confins du lisible. Absorbé par sa propre quête langagière, Pierre Boulez était passionné par une approche qui le renvoyait à ses enjeux de construction. Il rejoignait par anticipation Gilles Deleuze et Félix Guattari qui, en 1991, dans *Qu'est-ce que la philosophie ?* publié aux Éditions de Minuit, affirmeront que « l'art n'est pas le chaos, mais une composition du chaos » : il constitue « un chaosmos, comme dit Joyce, un chaos composé ».

Dans un autre registre, son observation de la phraséologie proustienne lui fut également riche d'enseignements. L'énoncé d'*À la recherche du temps perdu*, plus accessible lorsque débute *Du côté de chez Swann*, se complexifie dans le déploiement de la comédie humaine. Allitérations, cadences, répétitions, harmonies imitatives : peu à peu, la narration prend en charge l'évolution de son exploration. Les incises se multiplient, suscitant des perspectives complexes qui portent la marque de Richard Wagner et se retrouveront dans le texte musical boulézien. Proust le dit sans détour : « La beauté du style est le signe infaillible que la pensée s'élève, qu'elle a découvert et noué les rapports nécessaires entre des objets que leur contingence laissait séparés. »

Il y a plus fascinant encore : cette pensée procède en diagonale. Dans son édition de *La Recherche* en date de 1988, la Pléiade intègre d'abondants brouillons qui permettent de comprendre les mécanismes de l'invention. La chronologie n'est pas inéluctable. L'auteur change la place de certaines anecdotes et, parfois, les protagonistes auxquels surviennent ces événements. Il crée des réseaux dont la mise en action influence la forme, avec une logique aussi imprévue qu'inévitable, ouvrant la multiplicité des possibles. Pierre Boulez s'identifie pleinement à cette pratique : « Ce qui m'intéresse, ce sont non seulement les histoires racontées, mais surtout la façon de proliférer. » Son… *explosante-fixe*… illustre cette attraction pour les parcours fléchés. Le titre est une citation extraite de la phrase de Breton qui clôt le premier chapitre de *L'Amour fou* : « La beauté convulsive sera érotique-voilée, explosante-fixe, magique-circonstancielle, ou ne sera pas. » Cette longue déflagration sonore est partie de la trame aléatoire de quelques notes, plus précisément une « matrice » qu'il adresse en 1972 à la revue *Tempo*, reproduite parmi d'autres épitaphes à la mémoire d'Igor Stravinsky. Finalement stabilisé à l'Ircam au début des années 1990, son processus de transformation a connu plusieurs « états », plusieurs « variantes ». C'est ce que son géniteur a appelé « l'œuvre-fragment » qui survient à elle-même dans la dérive de ses traces mémorielles. Pour prolonger la pensée à quatre mains de Deleuze et de Guattari : « Composition, composition, c'est la seule définition de l'art. La composition est esthétique, et ce qui n'est pas composé n'est pas de l'art. »

*

L'intérêt que le compositeur éprouvait pour Claudel est en revanche moins spéculatif, plus strictement littéraire : « Dans la prose poétique française, sa déclamation a une résonance unique. Par sa richesse lexicale et rythmique d'abord. [...] Il fait preuve d'une grande liberté, pas si fréquente, même chez les grands créateurs. » Mais, s'il en appréciait le souffle épique, il n'envisageait aucune « utilisation » de cet héritage : sa violence et son outrance, sa dimension baroque et sensible ne sont pas transposables.

La connivence épouse une autre trajectoire, plus anecdotique. En marge d'une scène d'amour et de séparation, issue de la *Deuxième journée* du *Soulier de satin*, le dramaturge interpose « *l'ombre double* d'un homme avec une femme, debout, que l'on voit projetée sur un écran au fond de la scène », tel un spectre apparaissant et s'éclipsant. Pierre Boulez donnera tardivement – en 1986 – à l'une de ses pièces un titre qui ne cache pas ses origines : *Dialogue de l'ombre double*. La correspondance se manifeste au niveau de l'armature générale qui alterne strophes et transitions entre une clarinette et une clarinette enregistrée. Cet hommage au doyen souligne non seulement son sens de la théâtralité, mais salue aussi une démesure : « Claudel aborde le monde en prédateur. L'embrassement, chez lui, va de pair avec le rejet. […] Seul le refus de la circonstance nous tire vers la transcendance. » Comme toujours chez le jeune écorché vif, un adoubement sincère ne va pas sans quelques malentendus accessoires. Ils concernent ici sa défiance à l'égard de l'esprit religieux qui habite l'auteur de *Jeanne au bûcher* : « La suavité du ciel n'a jamais beaucoup inspiré ni les musiciens, ni les poètes ; à croire qu'imaginer la félicité éternelle ne leur a donné que des idées vaguement ennuyeuses. »

Son esprit frondeur le solidarisa plus directement avec la figure légendaire de Rimbaud qui le stupéfiait par la précocité de son génie. Cette attirance n'a cependant pas provoqué de rebond spontané, quoiqu'il fût admiratif de la prodigieuse densité thématique de son écriture. Plusieurs fois, il hésita à s'en emparer, notamment pour son opéra-fantôme *Marges*, en 1967, qui ne vit finalement pas le jour. S'il tenait en haute estime la « prose de diamant » d'*Une saison en enfer*, son caractère elliptique interdisait toute contamination. La question est constamment la même : quel espace de respiration garantir à la musique ? Il crut trouver la solution avec Michaux en s'arrogeant, en 1958, un texte en vers libres de son recueil *Poésie pour pouvoir* et en se livrant à des manipulations électroniques. Le résultat le déçut : transposition anecdotique ? La critique portera plutôt sur l'usage de moyens techniques trop primitifs.

En réalité, cet entre-deux, visant à établir des équivalences qui ménagent le sens et le symbole de la matrice initiale, Pierre Boulez l'appréhendait dès l'âge de dix-neuf ans, lorsqu'il découvrit Mallarmé en tombant par chance sur ses *Divagations*. Ensuite, *Un coup de dés jamais n'abolira le hasard* représenta un choc. Cette constellation de mots et de phrases, disposée selon une typographie inédite, traduit une recherche stylistique sans équivalent, même si l'œuvre du fondateur du symbolisme se concentre principalement dans une série de sonnets qui renvoient au modèle le plus préconçu, n'autorisant pas la moindre licence. Oser une adaptation paraîtra dès lors convenu ; il y a pourtant lieu de renverser le raisonnement, en augurant que la contrainte imposée par la rigueur de la versification servirait d'objet spéculatif.

L'enjeu était de taille pour le compositeur : se dégager d'un formalisme avéré pour en inventer un autre. La manœuvre restait périlleuse, bien qu'il se fût déjà approprié à trois reprises Char en assumant un parti pris : faire éclater son expression condensée. Pour répondre à Mallarmé, il emprunta une voie distincte, celle d'échafauder des dispositifs de transcription en mesure de modeler des équivalents sonores : « Quand j'ai transposé *Une dentelle s'abolit*, ce sont les mots *dentelle* et *miroir* qui m'ont guidé et j'ai donc choisi un ensemble qui sonne comme du verre et l'ornementation pour la dentelle. Cette correspondance n'est pas visible. C'est juste un choix possible. »

Un autre « possible » serait incarné par Fernando Pessoa. La duplicité de son univers a exercé une fascination sur le musicien aimanté par l'idée de « grande forme », fascination tardive il est vrai, le Lisboète n'étant publié en langue française par Christian Bourgois qu'à partir des années 1980. Le poète semble choir, glisser dans le tumulte de son âme, atteindre au non-être. Il bâtit sa propre fiction, se recrée en un autre – des autres – et fait surgir l'œuvre de ce chaos. Le mouvement de balancier qui régule ses pulsions de déconstruction et de continuité connaîtra son dénouement littéraire avec l'apparition de « pseudonymes » qu'il nomme « hétéronymes ». Le sujet se dédouble ; à travers ses métamorphoses, le génial caméléon aux visages disjoints se recentre, tout en embrassant la pluralité de la vie. Cette coexistence déconcertait Pierre Boulez : le langage qui se construit, dans une interaction exhibant le moi et ses pairs, engendre une tension vectrice d'une intertextualité féconde.

Nous oscillons entre deux termes : contrastes et cohésion. Il le formulait à Karlheinz Stockhausen, dès 1957 : « Je me sens la force maintenant de combiner Joyce et Mallarmé, ce plus cher désir de moi-même. » Le message livré de front par sa *Troisième Sonate* était l'écho de cette ambition : l'exploration de l'aléa n'est entreprise que sous condition que le hasard soit contrôlé. Les débordements déclenchent le court-circuit salutaire, mais l'indispensable cohésion interne du processus de la création impose conjointement de parvenir à accoupler les différents microcosmes.

Comment dépister « la structure qui relie » ? « Être portugais, c'est être européen sans l'impolitesse de la nationalité », écrit Pessoa, l'exilé à soi-même du *Livre de l'intranquillité* qui voulait faire de sa terre natale un grand petit pays, un emblème du cosmopolitisme. Des liens souterrains avec Joyce se sont tissés, qui raccordent ces deux écrivains de l'extrême Ouest, des bords d'un continent et de nations imaginées. L'affrontement entre leur « moi intérieur » et leur « moi social » invite à bifurquer vers la Prague de Kafka et à rattacher à ses éternels flâneurs un autre vagabond des étoiles : Proust. Promeneurs solitaires dans la foule, qui nous entraînent dans leurs dédales, ils ont fondé la narration moderne. Un des creusets incandescents de l'invention boulézienne.

Work in progress

L'écriture boulézienne, comment la spécifier ? Contemplative ou explicite, elle ne s'enferme dans aucun système, passant d'une atmosphère éthérée à une effervescence jubilatoire. Elle s'ingénie également à déstabiliser une matrice volontairement organique, jouant de contrastes entre des métriques non homogènes, tantôt « lisses », dégagées de la mesure, en apesanteur, et tantôt « striées », plus régulées sur le plan du rythme et de l'expression. Son signataire affiche sans faux-fuyants ses sources : « C'est le seul Debussy qu'on puisse rapprocher de Webern dans une même tendance à détruire l'organisation formelle préexistante à l'œuvre, dans un même recours à la beauté du son pour lui-même, dans une même elliptique pulvérisation du langage. » Il en déduit son architecture propre : pas de thèmes mélodiques dominants, mais des signaux, des cryptogrammes, des sons réverbérés que l'oreille identifie, un goût des timbres rares, une ivresse rythmique. Cet agencement raffiné et mouvant dialogue avec une disposition instrumentale qui s'écarte parfois de la frontalité classique, remodèle l'espace en spatialisant les interprètes et fait voyager les timbres d'un îlot à l'autre. Son expressionnisme, qui cherche à coaliser structure et matériau, oscille entre deux pôles – ordre et chaos, aléatoire et déterminisme.

Il en va ainsi, en 1975, de *Rituel in memoriam Bruno Maderna* pour orchestre divisé en huit groupes autonomes, aux effectifs croissants répartis autour du public. Dans cet office laïque de mémoire, en hommage au compositeur italien disparu, les formules reviennent, avec un profil changeant. Le canevas se déploie en une alternance obstinée de séquences : des « versets » hétérophoniques, de facture libre, sont ouverts par une note de gong et refermés par une résonance de tam-tam ; dans les « répons » harmoniques, très lents, le chef détermine les départs décalés des pupitres et délègue aux percussions, « maîtres de cérémonie », le soin de marquer le tempo et de conclure par une impulsion accentuée. À mi-parcours, un *tutti* orchestral fige la progression ; le processus d'extinction débute. Le temps « strié » des variations impaires et celui des périodicités « lisses » se contaminent peu à peu. La pulsation qui ordonne une multiplicité de tracés distincts, fixes ou variables, se laisse absorber par des durées et fréquences plus mobiles et plus flottantes. Ces lignes de fuite organisent un développement indéterminé qui exalte l'écoute. Les timbres de bois et de métal s'ornent de « notes fantômes ». Un retrait graduel s'opère, une lente agonie, un geste de l'ordre du délitement. D'obsédantes ponctuations des cuivres remplacent les motifs mélodiques. Les musiciens quittent le jeu par étapes. La note et l'accord initiaux « se donnent » à nouveau. Le silence clôt la dissolution.

L'épreuve de la perte s'est transmuée en une expérience mystérieuse qui abolit la frontière séparant la vie et la mort. La dédicace ne renvoie pas uniquement à l'imaginaire immémorial de quelque liturgie funéraire ; elle représente avant tout une synthèse qui agrège la stylisation du rite et la profondeur du tragique. Le mélange d'une trame à l'apparente simplicité et de la richesse d'écriture divulgue une osmose entre la matière et l'esprit qui solennise l'espace-temps de « la disparition et de la survivance ». La démarche spéculative ne stérilise pas l'œuvre ; elle installe un climat poétique qui touche au secret de la vie même, lorsqu'elle se confond avec son intériorité méditative et obsessionnelle. Le « long, immense et raisonné dérèglement de tous les sens » invoqué par Arthur Rimbaud s'accomplit ici dans l'hypnose sonore qui nous consume. La musique se fait acte en nous saisissant d'une tension entre forme et contenu qui ne trouve jamais sa résolution.

*

Avec *Rituel* et son « classicisme » intemporel, Pierre Boulez brouille les repères conjuguant le passé et le présent. Pour évaluer la portée de son art et se départir d'un jugement hâtif, il est nécessaire de se livrer sans *a priori* à sa dialectique qui télescope le prémédité et l'imprédictible. Cette énergie vitale qui le distingue, d'aucuns se refusèrent de la reconnaître. Les poncifs ont la vie dure, qui plus est quand ils s'attachent à dénigrer le symbole d'une génération séditieuse, devenu un personnage incontournable de la scène mondiale. Au-delà de la générosité et de la disponibilité qui lui étaient reconnues, il était de bon ton, toutes tendances confondues, de s'éblouir ou de se gausser d'une pensée dont la complexité serait dictée par son adhésion supposée aux dogmes progressistes, en le créditant au passage d'une maestria froide, ferment d'une expression insensible. Par bravade et soif d'en découdre, avec un détachement feint, il se fit un devoir d'assumer cette appréciation gratuite. Pas sûr qu'il en ait toujours mesuré les répercussions négatives.

Je me souviens de mon escale strasbourgeoise. En septembre 1986, il m'offrit l'un des plus beaux présents de ma période initiatique, avec une nouvelle version dédicacée de son *Cummings ist der Dichter* pour chœur et ensemble. J'avais retenu une chambre au Sofitel afin qu'il soit au calme avant sa répétition générale et libre, selon son ressenti, de passer la nuit sur place, sinon de rentrer à Baden-Baden où il séjournait – option finalement retenue. En route pour le dîner d'après-concert, nous décidâmes de récupérer ses affaires à l'hôtel. Il avait corrigé durant la journée la partition symphonique de *Notations VII*. Le responsable de l'accueil lui signifia avec aplomb avoir appris qu'il ne dormirait pas à Strasbourg et fait retirer ses effets personnels pour satisfaire la demande d'un autre client. Le manuscrit apparut, indélicatement froissé dans un sac plastique. Aujourd'hui encore, j'ai du mal à évoquer la douleur qui déforma soudainement son visage. Il fut envahi d'un doute existentiel qui l'habitait durablement. Je peinai à le convaincre de ne pas prendre la route immédiatement. La soirée se prolongea, silencieuse et humble. Il ne se sentait ni visé ni insulté par la méprise de l'hôtelier. Il n'était pas en colère. Il ne parvenait tout simplement pas à assimiler le heurt entre deux réalités, celle de l'exclusive artistique et celle de la négligente légèreté. Si l'homme est le miroir de sa musique, il faut admettre que l'intimité et l'affection ne sont pas du registre de la démonstration, mais s'expriment plus sûrement dans ce que la relation approfondie laisse filtrer – les silences complices, les doutes et les déchirures.

*

Nos discussions autour de l'acte de création étaient inépuisables. Il m'expliquait en quoi la forme ouverte symbolisait pour lui un moyen parmi d'autres d'explorer les potentialités du langage en proposant aux interprètes différents chemins ; et pourquoi beaucoup de ses pièces, d'une complétude provisoire, bénéficiaient tôt ou tard d'un réexamen, avec son lot fortuit de remodelages, d'amplifications. Ainsi de *Pli selon pli*, pour voix de soprano et large ensemble, sur un poème de Stéphane Mallarmé, qui se déploie par pans successifs à la manière d'un éventail. Sans surprise, divers remaniements s'échelonneront de 1957 à 1990. La composition rejoint ici l'utopie mallarméenne. Quand je formulais l'hypothèse que sa propension à l'inachèvement pouvait légitimer une accusation de dispersion, il n'était pas rare qu'il me cite en guise de réponse le proverbe portugais que Paul Claudel avait mis en exergue dans *Le Soulier de satin* : « Dieu écrit droit au moyen de lignes courbes. » Puis d'ajouter dans la foulée : « Je n'ai pas l'intention de me prendre pour Dieu ! Je me sens juste attiré par cette géométrie très particulière. Je ne me représente pas une existence riche sans les dangers de la dispersion, pourvu qu'au centre d'une activité multiple demeure la fermeté de la direction. » Il en est d'ailleurs de son approche créatrice comme des institutions qu'il a suscitées : il refusa de fixer définitivement une organisation avant d'en avoir épuisé les métamorphoses.

Ce concept de *work in progress* cadence un univers en mue permanente. *Répons*, que j'eus le bonheur d'entendre à diverses reprises, n'échappe pas à la règle : vingt minutes en 1981, trente pour la version suivante, quarante en 1984. Cette prolifération s'est nourrie des outils informatiques de l'Ircam et des jeux illimités qu'ils induisent : transformations en temps réel des motifs joués par les solistes à la périphérie de l'orchestre et spatialisation du son, relayée et modulée par des haut-parleurs satellites. Une surprise m'attendait au printemps 1988. En studio, tous s'affairaient pour régler certains détails, en vue de l'exécution prochaine du grand œuvre au Festival d'Avignon, en plein air, dans la minérale et immémoriale Carrière de Boulbon. Mon homonyme, le compositeur François Bayle, mixait à l'étage inférieur l'une de ses récentes pièces devant un public averti. À l'issue de son concert, nous l'avons convié au restaurant. La conversation anodine glissa vers les projets en cours. Pierre Boulez proclama à l'improviste qu'il pensait à une quatrième version de son dédale responsorial – emprunt au plain-chant médiéval – qui serait portée à soixante-dix minutes. Il n'avait jamais donné corps à ce développement imaginaire. Ce soir-là, pour une raison énigmatique, le processus se mit en branle. Il décrivit en détail les bifurcations, les extensions des pianos dans l'aigu, les plages de grande saturation où solistes et *tutti* entameraient un dialogue virtuose. En direct, nous vivions le spectacle magique du déploiement de ce qui n'était pas – en tout cas, n'était pas encore, et qui sûrement ne serait pas.

Rien d'autre ne comptait pour moi. Je traquais le flux d'une pensée en mouvement qui produisait des événements et les apprivoisait selon des règles qu'elle se donnait. L'évocation d'expansions brutales, rapides et cinglantes me renvoyait vers d'autres détonations prométhéennes qui avaient enflammé mes jeunes années : celles rêvées par Edgard Varèse en quête continue d'un opéra sidéral et planétaire, en compagnie d'Alejo Carpentier, de Robert Desnos ou d'Antonin Artaud ; celles de Iannis Xenakis déflagrant, dans le tohu-bohu idéalisé de *Nomos Gamma*, la matière d'un orchestre éparpillé dans la salle, au plus près des auditeurs plongés dans un maelström bruitiste. Mais avec une différence de taille : je ne m'abandonnais pas à une débauche prospective, une illusion théâtrale ; j'étais littéralement happé par un propos qui posait avec lucidité et fulgurance un acte totalement maîtrisé, entendu, à l'évidence magnifié par la perspective d'être mis à nu dans un espace provençal magique, jusqu'alors investi par le seul metteur en scène Peter Brook. Pour répéter une des formules fétiches du compositeur : « C'est l'imprévisible qui devient nécessité. » L'imprévu, pour moi, à cet instant, c'est que l'ébauche est déjà une œuvre en soi qui m'échappe aussitôt énoncée. La frustration se mêle à l'émoi d'entrer en communion, même fugitive, avec son concepteur.

« Naître de rien et défier le temps » : bien qu'elle avive l'aura de la création, la formule boulézienne peut prêter à confusion ; tout comme l'ambivalence de son écriture. Il est tentant de mettre l'accent sur ses particularités, nombreuses et manifestes ; à l'exemple, qu'il mentionne souvent, de l'architecture insolite du musée Guggenheim de New York, le flux sonore en cascade semble se dérouler en spirale infinie. Cette pulsion vers l'inaccessible détermine un écosystème intentionnellement instable, où « une structure doit inéluctablement évoluer vers une autre ». De plus, la syntaxe possède ses constantes, sa texture, ses timbres favoris, ceux d'instruments aux longues résonances cristallines : la guitare, la harpe, le cymbalum, le vibraphone, le glockenspiel ou les gongs. Ils dessinent des contours acoustiques qui révèlent l'hédonisme du compositeur. Malgré ces déterminants, une autre face se dégage : ce style identifiable entre tous se rapporte à des rites initiatiques assumés. Ainsi de ce *Répons* jubilatoire, étendard de la musique contemporaine, ne craignant pas de se référer au chant grégorien, au concerto grosso et à des figures debussystes.

Pas à pas, une synthèse se dégage. Dès la gestation de ses opus liminaires, de 1944 à 1948, souvent composés pour le piano solo, Pierre Boulez a scruté des sources sélectives austro-germaniques et françaises pour en retenir ce qui était indispensable à son expression. Vint ensuite le temps du rejet qui fut de courte durée : « À un moment, autour du *Premier Livre* de mes *Structures pour deux pianos*, en 1951-1952, je me suis enfoncé dans un tunnel ; à la sortie, je me suis retrouvé devant un paysage plus séduisant. » Sa rébellion précoce n'était pas une dérobade mais un geste de reconquête. Il fallait détruire pour trouver du nouveau. La fin du corridor intervint dès *Le Marteau sans maître*, soit deux ans plus tard. La suite est plus simple à décrypter. *Pli selon pli* d'abord, *Rituel* puis *Répons*, sans taire ses *Notations*, colorées et explosives dans leur version symphonique qui l'occupe de 1980 à 1999, ou *Sur Incises*, le fruit de la virtuosité tardive : tous ces jalons définissent à la fois un idiome très personnel et une profonde contiguïté avec l'héritage. La trajectoire qui s'en dégage consacre le plus classique des musiciens de l'avant-garde dans la lignée des grands harmonistes. Ou comment provoquer les à-coups qui interrogent l'histoire.

*

Il est pertinent de rapprocher ce « franchissement du seuil » du fait que Pierre Boulez fut en outre un illustre chef d'orchestre. Au service de ses propres œuvres et de celles de ses pairs, il exposa graduellement ses parentés intimes. Abordant avec un égal succès les répertoires de Luciano Berio, György Ligeti, Igor Stravinsky, Béla Bartók, Claude Debussy, Maurice Ravel, mais aussi les Viennois Gustav Mahler ou Richard Wagner, il a établi une anthologie triée sur le volet. Sa double casquette – le concepteur et le « transmetteur » –, si elle ne lui était évidemment pas exclusive, personnalisa néanmoins l'artiste. Il raconte, en 2011, dans une interview au *Monde*, qu'être chef est équivoque : « Difficile, car il y a cette morsure qui vous dit attention, il ne faut pas perdre de temps. Fructueux, parce que être interprète a fait de moi un compositeur taraudé par la modification. Je sais ce qui est inutile ou ne marche pas. » Le propos est réversible. Son vécu de créateur modifiera en retour sa gestuelle reposant sur un décodage de la partition contaminé par l'expérience d'écriture.

C'était presque une plaisanterie entre nous : « Laurent, je peux tout arrêter demain. Cela ne me manquera pas. » Une seule chose est vraie : il n'a pas visé cette carrière. Elle s'est imposée à lui, « par hasard et par nécessité », insinuait-il. Grâce à la pratique de la chorale, il éduqua dès l'enfance une oreille absolue sans équivalent. Mais le talent n'étant rien sans l'exercice, c'est sur le tas, en autodidacte, que son apprentissage se poursuivra, dans l'ardeur du travail accompli auprès de ses collègues du théâtre Marigny. Plus tard, en raison d'une carence d'intrépides prêts à promouvoir des œuvres récentes, il se sentit obligé de se jeter à l'eau. En 1957, un coup du sort – la maladie de Hans Rosbaud – le poussa à diriger lui-même son *Visage nuptial*. Dès lors, de partout, les responsables l'appelèrent pour acclimater leurs formations circonspectes aux complexités formelles du Nouveau Monde. Le pragmatisme l'emporta assez vite : les abonnés ne se contentant pas de l'unique attrait des émergences, il dut insensiblement s'ouvrir au répertoire. Sa brillante prestation pour le *Wozzeck* d'Alban Berg à l'Opéra de Paris, en 1965, a accéléré son engagement à Bayreuth, puis à Londres, avec l'Orchestre de la BBC. Le légendaire George Szell, qui conduisait par intermittence le Royal Concertgebouw d'Amsterdam, entendit parler de lui et l'associa à sa phalange de Cleveland. Bientôt, ce fut au tour du Philharmonique de New York de le recruter comme directeur musical. Par paliers,

Pierre Boulez a parcouru l'histoire à reculons. Après l'épopée wagnérienne du centenaire du *Ring*, il s'est invité aux anniversaires d'autres grandes figures du passé que des organisateurs voulaient habiller d'un parfum de témérité. En 1996, à l'occasion du jubilé de la mort d'Anton Bruckner qu'il mésestima longtemps, il fut convié à rejoindre le Philharmonique de Vienne pour sa *Symphonie n° 8*, à quelques pas du tombeau du compositeur, dans l'abbaye de Saint-Florian.

Régulièrement, j'eus le privilège d'assister sur tous les continents à ses prestations, pénétré d'un précieux sentiment d'élévation. Qu'il s'agisse de l'interprétation des fresques de Mahler ou des grands maîtres de la première moitié du xxᵉ siècle, je fus chaque fois ébloui par la clarté de sa gestuelle et, plus encore, par son art de phraser qui priorisait la lisibilité des plans et la fluidité du discours. Sa probité absolue conférera à sa lecture des grandes formes postromantiques et modernes une sorte de perfection objective. En plus des qualités attendues d'un grand chef, notamment l'alliance de vision et d'autorité, son approche porta immédiatement le sceau de la précision, avant d'adjoindre la délicatesse. Au geste global introduit par la tradition, vigoureux mais parfois redondant, il substitua un ensemble de « signes », d'informations sur l'attaque, le mètre, la dynamique, émis en fonction du résultat sonore à atteindre. Dans les pièces modernes, une totale dissociation des bras, des mains, des doigts, communique des superpositions de tempi différents. Il lui fallait inventer cette technique pour que son *Éclat*, créé en 1965, devienne un véritable « jeu » avec le collectif. À le regarder diriger à mains nues, à admirer sa simplicité, sa souplesse, son calme aimable et prévenant, je ressentais foncièrement qui il était. Jamais il n'a cherché à parader pour parvenir à ses fins : il se mettait au service intégral de l'œuvre.

Dès ses débuts, le respect du texte a motivé une sévérité notoire qu'il s'est prioritairement ordonnée à lui-même. Pour en finir avec l'image du matérialiste prétendument pointilleux et intraitable, il sied d'assumer cet *a priori* en le prenant au pied de la lettre : Boulez chef d'orchestre ne triche pas, il ne fait pas de théâtre ni d'effets d'estrade. La partition est son seul guide – la partition dans sa totalité. Il vise sous nos yeux à sa recomposition. Cette compréhension intrinsèque n'endigue pas l'émotion ; une fois l'intonation et le rythme en place, l'œuvre se livre, enfin dégagée du piège de l'emphase.

Êtes-vous chef ou compositeur ? Réponse humble et sans affectation de Pierre Boulez : « Je suis musicien. » Une manière sûrement de se tenir en marge des strass et paillettes qui entourent les maestros. De revendiquer l'artisanat « furieux » qui l'anime. Et de dire que la démarcation n'a pas lieu d'être. Ses différents engagements sont indissociables : la musique est un tout. Même si le doute n'est pas permis : chez lui, c'est l'écriture qui unifie ce tout. Une telle singularité n'est pas modélisable ; elle exprime sa vérité. Nulle posture démiurgique ni fausse modestie, mais une rectitude, inscrite au plus profond de ses gènes, pouvant fortuitement exacerber un dévouement et une marque d'humilité qui transparaissent dans d'imprudents excès d'autodiscipline. Où trouva-t-il le ressort, en 1995, notablement malade et sous surveillance quotidienne, de sauver la production de *Moïse et Aaron* d'Arnold Schönberg, à l'Opéra d'Amsterdam, en jouant le rôle de pacificateur entre un metteur en scène ensorcelé, Peter Stein, et des chanteurs déstabilisés ? Où, sinon dans une fièvre d'accomplissement hors du commun ? Sans parler d'une sérieuse alerte physique survenue en 2009. À quatre-vingt-quatre ans passés, il s'est déplacé à Milan pour préparer avec le pianiste Maurizio Pollini un concert qu'il devait donner à la Scala et dupliquer à la salle Pleyel. Il tomba lourdement dans l'escalator de l'aéroport de Roissy, reprit péniblement ses esprits, signa une décharge, conduisit une répétition nocturne à peine arrivé en Italie et ne daigna rallier l'hôpital que le lendemain pour un verdict prévisible : fracture de la clavicule et quatre côtes cassées. Nouveau refus d'obtempérer. Il assura tant bien que mal sa prestation, partit séance tenante pour Kyoto récupérer une importante bourse décernée pour l'ensemble de son œuvre, dont il voulait reverser le montant intégral à la fondation qu'il venait d'instaurer dans le but de soutenir l'émergence musicale. Dès son retour à Paris, il honora une master class de direction avec les étudiants du conservatoire pour, enfin, achever son périple à Pleyel avec la récidive de la séquence milanaise. Il lui fallut de longues semaines pour s'en remettre – partiellement –, mais aucun des engagements pris durant ces dix jours de douleur intense ne lui parut pouvoir passer au second plan.

Mémoire et création

Mémoire et création sont indissociables. Il n'est qu'à en prendre à témoin la musique, qui s'élabore et se réalise avec et dans le temps, qui pense le temps. Chaque œuvre marquante témoigne à la fois d'une part d'héritage et d'un certain degré de rupture. La réminiscence, loin d'empêcher l'émergence du nouveau, serait plutôt une condition de son irruption : on élabore un vocabulaire original en présumant se délester des anciennes lois ; on ne fait que leur imprimer un horizon différent. Ce qui provoque une impression de fracture relève avant tout des codes accolés à une époque et à des sociétés définies. Ils déterminent la forme, la sanctifient, puis la figent, réclamant par contrecoup une transgression, même si le public – ou une fraction du public – tient cette intrusion à distance respectable.

Levons d'emblée une méprise. L'invention a sans relâche obsédé Pierre Boulez, pourfendeur de la prégnance du souvenir, du moins d'un stérile et « affreux » souvenir qui conforterait la « sentimentalité rétrospective ». Cependant, il ne s'est en aucun cas détourné d'une autre mémoire : celle qui « fait découvrir » et nous « pousse dans des méandres plus aventureux ». Contrairement aux apparences, il n'a eu de cesse de se nourrir du passé, mais d'un passé moteur de l'action, qui nous propulse vers le futur. Il ne s'est par ailleurs jamais abrité derrière des préceptes intangibles, conscient que les diverses civilisations n'ont pas réagi aux mutations en termes identiques, selon les étapes de leur évolution.

Ainsi de l'aire culturelle occidentale. Au cours de son développement, du Moyen Âge à nos jours, elle a cessé de s'accommoder des conventions en place et a affirmé la souveraineté de son processus producteur, en se déliant notamment de la subordination à l'ordre religieux et social. Les travaux du compositeur et philosophe Hugues Dufourt ont mis en évidence combien l'Antiquité avait limité l'art à ses seules vertus magiques et purificatrices. Des règles très strictes de répétition dictaient le respect de l'existant, à l'effet de refouler un risque de chaos associé à des pratiques non contrôlées. L'affranchissement ne fut que progressif. Il fallut attendre le XIVe siècle pour que la mémoire collective ne soit plus synonyme de conservation, mais devienne force de transformation. Sous l'impulsion de l'*ars nova*, rejeté par le pape Jean XXII, le profane se combina alors au sacré. Ce courant magnifiant la pensée humaine, avec un pouvoir poétique propre, récusait l'idée d'une soumission à des standards indépassables. Tout comme la peinture avec l'introduction de la perspective, la musique a incarné cette conscience naissante, perceptible dans l'apport en matière de notation d'innovations autorisant une plus grande virtuosité. Pierre Boulez a maintes fois fait référence à cette phase de bascule et souligné son attirance pour une émergence qui s'appliqua à infuser une laïcisation annonçant la Renaissance, doublée d'une réflexion sur l'activité créatrice. Il se reconnut dans le combat d'une relève se proposant de valoriser une nature dont elle ne se satisfaisait plus de subir les contraintes. Avec, en toile de fond, le pressentiment de l'urgence à faire éclore un monde nouveau.

À l'unisson s'est produite l'invention de l'horloge, de la chronométrie, et l'essor des techniques de comptabilité qui renforcèrent le mercantilisme et la capacité à mieux évaluer les risques, tout en accompagnant la conversion du système bancaire, commercial et juridique. Cette mesure du temps constitua un apport central. Si la polyphonie s'était déjà fondée sur une véritable écriture dès le XIIe siècle, le compositeur développait désormais une organisation et un agencement rationnels, avec ses calculs rythmiques, son découpage temporel, ses jeux de combinatoire. Les instruments excédaient la seule fonction de soutien des voix.

Ce glissement marqua la fin de l'anonymat : déjà, les noms de Léonin et Pérotin étaient parvenus à émerger de l'*ars antiqua* au Moyen Âge central, mais une individualisation des pratiques et un métier plus assuré apparurent par la suite. Des esthétiques différenciées et la volonté d'un passage à la postérité commencèrent à se dégager vers 1350, à compter de Guillaume de Machaut, avant qu'un degré plus poussé d'autonomie soit atteint avant même la période baroque. Un bel exemple pour les musiciens nés après la Grande Guerre, qui durent s'affranchir de la génération précédente, estampillée par le groupe des Six. Qu'un tel avant-gardisme précurseur les ait séduits n'étonnera pas : cette émancipation affirmait déjà l'autosuffisance d'un rite générateur de plaisir auditif et participait d'un mouvement général de la société. Non pas en se libérant de la mémoire, mais en libérant la mémoire.

À ce stade, une parenthèse s'impose que n'aurait pas désavouée Pierre Boulez, prêt à dénoncer tout arbitraire coercitif : notre grille de lecture, spécifique au contexte savant européen, sans doute teintée d'un cartésianisme réducteur, ne postule aucune croyance dans un développement linéaire ou dans une supposée hiérarchie artistique. Elle ne prétend pas davantage à l'universalisme. D'autres cultures coexistent, souvent perpétuées par la transmission orale, qui répondent à des paradigmes de traditions, d'éducation ou d'écoute distincts et en rien mineurs. En lieu et place d'une explosion des normes attachée à nos logiques évolutives, elles se sont, pour certaines d'entre elles, volontairement ancrées dans la reproduction d'un rituel dont l'immuabilité est durement affectée par les changements accélérés de nos modes de vie. Cette irrépressible précipitation engendre une instabilité chronique qui menace la préservation d'héritages marginalisés et les équilibres planétaires.

*

En tant que tel, l'acte de création est habité par un conflit interne : il requiert une profondeur temporelle ; il n'existe néanmoins pas sans oubli. L'art sollicitant sa propre actualité et un certain droit à l'amnésie, la mémoire doit savoir faire le vide pour que l'aventure humaine se régénère. Malgré l'impact de ce détachement, les traces du passé restent toujours visibles ; il arrive parfois qu'elles attisent un élan créatif, qui imagine plutôt que de décliner des formules ressassées, qui ne cherche pas à s'inscrire commodément dans l'existant mais qui, tenant éloignés les modèles établis, permet d'édifier des microcosmes dont la permanence outrepasse l'éphémère de la vie.

Richard Wagner et Pierre Boulez personnifient cette aspiration, sans qu'ils entretiennent – loin de là ! – des rapports similaires à la spiritualité et à l'irrationalité. Des correspondances distantes relient leur soif éperdue de totalité. Ils épousent un désir identique d'englober chaque élément dans une structure plus vaste : la gestation du *Ring* s'étale sur vingt-six ans, là où son cadet pense ses arborescences successives comme les différentes facettes d'une seule œuvre. Tous deux éprouvent, au-delà des écarts de style, un amour des proliférations gigantesques dérivées d'un noyau central : le *leitmotiv* ordonne le propos du protégé de Louis II de Bavière ; les figures récurrentes, les trilles ou les notes répétées caractérisent le langage du second. Même soumis à une écoute en aveugle, l'un et l'autre sont d'emblée reconnaissables.

Ils n'en ont pas moins violemment revendiqué un droit à l'effacement. Dans sa correspondance avec Franz Liszt, Wagner écrit : « Où l'artiste peut-il puiser ses créations si ce n'est dans la vie, qui n'a de valeur productive que lorsqu'elle le pousse à créer des formes nouvelles ? Ce travail, qui consiste à revenir sur des moments de la vie d'autrefois, est-ce là créer pour l'artiste ? Que devient la source de l'art si le nouveau n'en jaillit pas avec une force irrésistible ? » Un siècle plus tard, Pierre Boulez prolongera cette vision prospective : « On ne peut, bien sûr, échapper à la connaissance de sa propre culture et aujourd'hui à la rencontre des autres civilisations, mais qu'il est impérieux, le devoir de les volatiliser ! Je loue et je louerai toujours l'amnésie. »

De quel oubli est-il ici question ? Le musicologue Jean-Jacques Nattiez nous suggère un détour par Marcel Proust pour qui l'importance de l'œuvre n'est pas dictée par son sujet. Il cite *Le Temps retrouvé* : « Un livre est un grand cimetière où sur la plupart des tombes on ne peut plus lire les noms effacés […]. Même les êtres qui furent les plus chers à l'écrivain n'ont fait en fin de compte que poser pour lui comme chez les peintres. » Le narrateur de *La Recherche* réussira à écrire l'ouvrage qu'il porte en lui, non seulement après avoir passé au crible les mécanismes de la ressouvenance, mais en se démettant des séductions du monde. La disparition d'Albertine, finalement, compte peu, puisqu'elle aura permis au romancier de capter l'essence de l'amour et sa contrepartie : la déception. La voie de l'art est au prix de ce vampirisme de la vie qui donne accès à une mémoire « supérieure », incernable et déformante. Qui ne s'ingénie pas à imiter et fonde l'invention sur la faculté à se soustraire de la conjoncture, tout en réinterprétant des concepts rattachés à des conformations référencées.

*

La sédition invoquée par les deux musiciens représente, de fait, une analogue tentation farouche de se délivrer des contingences du temps afin de susciter une mémoire fertile, transfusant un possible dépassement. C'est le renoncement lucide qui s'avère ici une condition de la création. Pierre Boulez l'a souvent répété : la grande page de notre histoire dont Ludwig van Beethoven était le nom méritait d'être saluée mais devait absolument être tournée. De même, il ne servirait à rien de pasticher la barbarie rythmique d'Igor Stravinsky ou de reproduire le langage plus imagé de Maurice Ravel. L'éloignement consenti favorise la reconnaissance de filiations à un niveau plus élevé de généralité et d'abstraction. Il devient le ferment de l'œuvre à accomplir qui ne s'inspire plus d'un style, mais des idées impliquées par un style, quelle que soit l'étincelle qui les a provoquées.

Le prédateur autoproclamé qui a constamment endossé ses sources ne s'est pas approprié d'autres univers en les parodiant. Il a analysé leur syntaxe dans un but avoué : se révéler à soi son langage et ses textures propres. Il s'est nourri aussi bien de l'*ars nova* que du structuralisme, en regardant vers le Bauhaus. Les titres de certains de ses opus – *Répons* ou *Anthèmes* – évoquent également une recherche héritée de schèmes anciens. Ces ajustements ne traduisent pas un souci d'authenticité, mais davantage une référence évocatrice de certains procédés. Il a prôné le dépistage de connivences fortuites qui adviennent au coup par coup pour mieux dénoncer le recours facile à des repères complaisants, trop envahissants et parfois révolus, qu'il percevait comme le « refuge en un passé intangible ».

Il serait judicieux de prendre à notre tour du recul et d'observer que chaque époque, ayant tendance à projeter le reflet d'elle-même, n'est porteuse que de vérités transitoires. D'un côté, notre présent, pétri d'angoisse, accumule les trésors de la connaissance pour se réconforter dans le maintien des valeurs éternelles ou identitaires. De l'autre, la création, encore plus marginalisée qu'au temps du jeune Boulez, est plurielle et brouille les pistes : en embrassant toutes les suggestions de l'instant et en cultivant les différences de styles, nous avons en maintes occasions repoussé les frontières des pratiques inhérentes à l'art. Plus l'œuvre a affirmé sa projection vers l'inouï, plus les tentatives de décryptage se sont heurtées à ses particularités de prime abord difficilement modélisables, au risque de perdre – temporairement ? – l'auditeur.

Dans son développement intrinsèque, la musique s'est, en quelque sorte, dégagée de l'utopie des Lumières qui convoitait de fonder un art universel. Strate après strate, elle s'est diffractée en d'innombrables courants dont les contours sont parfois devenus trop insaisissables aux profanes pour qu'ils puissent y lire une signification à grande échelle. L'appréhension toujours plus fragmentaire des processus d'invention, pour stimulante qu'elle soit, a fini par engendrer des réflexes compensateurs de repli vers des grammaires déjà assimilées. Sous peine d'accentuer, incidemment, notre allégeance à un legs sacralisé.

Ce paysage émietté sinon déboussolé n'annonce pas pour autant la fin du récit. Les choix à opérer ne se situent pas entre la table rase et l'historicisme. Il va sans dire qu'assigner la musique à une innovation permanente n'est pas tenable. Dès lors, que des éléments, remontés du fond de la mémoire musicale, soient réinjectés dans la création est une autre évidence, salutaire. Pour autant, le débat reste ouvert : selon quelles configurations et quelles exigences ?

L'analyse des mutations les plus notoires est éclairante. Elle indique que chaque rupture est incorporable sous réserve que, simultanément, des marques de continuité demeurent. Elle invite à reformuler le point d'accostage, ou plutôt de transposition, de l'ancien vers le neuf. À l'ère baroque, l'abandon des canevas rythmiques complexes insufflés par l'*ars nova* n'a pas masqué la poursuite de l'enrichissement harmonique du langage. Par la suite, la structure codifiée de la forme sonate s'est imposée sans instituer une coupure radicale au plan de l'écriture. Plus tard encore, à la fin du XIXᵉ siècle, l'émancipation du timbre ou de la virtuosité ne fit que prolonger les avancées instillées par Beethoven. Quant à Arnold Schönberg, il serait aisé de déceler ce qui le relie aussi bien à Wagner qu'au compositeur qui lui était opposé, Johannes Brahms, jugé conservateur, dont l'inventeur du sérialisme a pourtant fortement affirmé la lignée. D'où qu'elles vinssent, les importantes révolutions formelles n'ont jamais fait table rase de tout, y compris celles émergeant après la Seconde Guerre mondiale. Dernier revirement, proche de nous : la postmodernité n'a pas extirpé toute modernité. La négation se nourrit de ce qu'elle prétend nier.

En définitive, ces digressions synoptiques mettent en jeu une considération sous-jacente d'ordre philosophique. La musique n'est pas un langage directement signifiant qui délivrerait un message palpable, extérieur à elle-même. Son sens lui est inhérent. Cette absolue autonomie ne la limite pas à une simple volupté ; elle lui confère une disposition supérieure, celle de tramer le passé et le présent, en préludant le futur. Ce questionnement de nature ontologique nous renvoie au mystère de l'univers : nous ressentons indispensable une vibration dont nous ne savons rien dire. Pierre Boulez, à travers son appel à la transcendance, symbolisait âprement cette inclination. Par sa persistance à se vouer entièrement à son art, il semblait, sans y donner prise, valider la prophétie de son proche confident, l'écrivain et mécène Pierre Souvtchinsky, ami russe de Stravinsky, qui déclara avoir reconnu en lui le « musicien prédestiné ».

Ne nous trompons cependant pas d'espérance. Le dépassement dont il s'agit ne se conforme à nulle Révélation. Si la création réclame une croyance, la ligne tracée ne renvoie vers aucun mysticisme, aucun eldorado, qu'il soit religieux ou mythologique, mais exprime en premier lieu une foi immanente en notre monde. De manière souterraine, l'exercice d'introspection revendique une éthique : en éveillant notre sensibilité, il nous invite à dépasser nos contingences du moment et à conjecturer notre avenir proche. Le cap à suivre est explicite : réactiver la culture, la sortir de son actuelle torpeur paralysante et la projeter dans un dessein relevé, à la fois plus urgent et plus enflammé. C'est le devenir de nos pratiques qui en dépend, leur aptitude à se confronter avec la matière, à « casser les codes » tout en restant partie intégrante de l'histoire de l'art. Lors de la gestation de l'Ircam, son fondateur avait pressenti le besoin de maîtriser la rationalité technologique et de lui assigner des finalités hautement esthétiques. Quelque cinquante ans après, développer une mémoire créative, mais contrôlée, n'est pas le moindre défi qui attend notre société de l'intelligence artificielle et de la réalité virtuelle.

William Christie

Interroger la mémoire invite à épouser ses méandres, à repérer comment elle inscrit un art et une généalogie dans l'histoire. S'il est somme toute banal d'affirmer qu'elle participe intensément à la fabrique de la nouveauté qui ne peut naître de rien, il en va autrement des rapports fluctuants et parfois houleux établis entre l'acte créatif et la conservation du patrimoine. Pour dévoiler cette tension, il n'est de meilleure alternative que de rapprocher la radicalité incarnée par Pierre Boulez d'une mutation également marquante, à l'autre bout du spectre : la renaissance baroque.

Trois étapes, qui se chevauchent partiellement, de la genèse à la maturité, ponctuent la reviviscence des œuvres des xviie et xviiie siècles. La première, la plus aisée à appréhender, est marquée par l'activisme solitaire de pionniers désireux de donner du lustre à un répertoire éclipsé durant les ères romantique et moderne qui l'ont, au mieux, copieusement maltraité, au pis, relégué dans l'oubli. Il est difficile de borner exactement ce cycle exploratoire dont les prémices sont visibles dès la Belle Époque. La Schola cantorum ou la claveciniste Wanda Landowska y tinrent un rôle précurseur, après quoi les années 1950 et 1960 consacrèrent deux figures majeures, l'Autrichien Nikolaus Harnoncourt et le Néerlandais Gustav Leonhardt. Tout avait le goût de l'aventure : le champ des possibles s'étendait à l'infini ; le credo de l'acculturation d'un âge et d'un style passait par le diktat de la recherche. Cette voie de l'investigation, également empruntée à leur manière par les courants postsériels d'après-guerre, connut ici une incarnation inattendue et féconde.

Une deuxième phase, axée sur l'acquisition d'une identité et d'une indépendance, amplifie cet élan édificateur. Clin d'œil réitéré aux avant-gardes, le combat se mène sur le terrain bosselé de l'émancipation. Nous sommes toujours dans la sécession, mais en ordre de bataille pour accréditer un nouveau standard. Durant les *seventies*, un vent de révolte soufflait, et les vocations essaimèrent. Parmi elles, celles d'artistes et de personnalités qui, pour sortir de l'anonymat, parvinrent à inventer des outils spécifiques d'interprétation. Une communauté s'est ainsi formée autour de Jean-Claude Malgoire, Philippe Herreweghe, René Jacobs, Jordi Savall, Ton Koopman, John Eliot Gardiner. Et, bien sûr, William Christie : débarqué en France en 1971, il sillonnera l'Europe avec ses premiers ensembles durant huit ans avant de donner vie aux Arts florissants.

Le claveciniste américain, formé à Harvard et qui marcha sur Washington pour protester contre la guerre du Vietnam, se souvient du paysage qu'il découvre en arrivant au pays de Marc-Antoine Charpentier : « C'était une musique pour *happy few*, dépréciée dans les conservatoires, désignant une activité indigne. Elle était jouée sur instruments modernes, selon des usages peut-être adaptés pour Massenet ou Gounod, mais pas pour des pièces du XVIIe siècle. » Souvent enrôlé pour accompagner le Concerto Vocale, sous la houlette de Jacobs, il brûlait de voler de ses propres ailes et de « défendre le patrimoine français ».

J'ai croisé ce meneur de jeu dès 1980. Je n'avais pas encore lancé le festival Musica à Strasbourg et j'administrais pour lors l'Atelier lyrique du Rhin où je côtoyais les compositeurs Georges Aperghis, François-Bernard Mâche ou Mauricio Kagel. Notre équipée s'essoufflait déjà, singulièrement au plan économique. Pour la revitaliser, nous avons proposé au charismatique William Christie de monter *Didon et Énée* de Henry Purcell. Ses modes de production ne me surprirent en rien : une partie de ses chanteurs avaient un pied dans la modernité, tels Guillemette Laurens ou Dominique Visse. Ce qui me touchait en revanche, c'était la vigueur d'un souffle et d'un engagement que je croyais être l'apanage des cercles de la création, doublée d'une insouciance tonifiante.

Sa pétulance annonçait une inflexion providentielle, vite décelable dans l'assouplissement des préceptes posés par les premiers de cordée. L'expérimentation continuait à se nourrir du débat sur l'authenticité, mais désormais dans un climat d'effervescence débridée et jouissive. Air du temps : toutes disciplines confondues, la parole se libérait. Les conservateurs s'élisaient *curators* et pensaient leurs expositions comme des œuvres ; les artistes se décrétaient les théoriciens de leur propre cheminement ; loin du remue-ménage, Pierre Boulez faisait également figure de météore, ayant anticipé les turbulences et déjà entrepris, à une échelle internationale, son ressourcement dans des tâches de chef d'orchestre. L'interprétation ancienne suivit le mouvement : si elle se mettait toujours au service de la recherche, elle requérait à son tour une délivrance et s'ouvrait sur un ailleurs plus accueillant. La soudaineté de l'affranchissement surprit même les acteurs du bouillonnement. Une telle quête de fraîcheur et d'audace, nul autre que William Christie ne l'a aussi bien ressentie : « Je percevais deux tendances. En surface, une vieille France un peu arrogante et dépositaire de la vraie culture ; à l'opposé, un désir de renouveau partagé par un large éventail de musicologues curieux, notamment autour de Geneviève de Chambure, qui posa les fondements du Musée de la musique, et des responsables des collections de la Bibliothèque nationale. Mai 68 avait contribué à forcer certains verrous intellectuels. La fondation des Arts florissants est due à toutes ces influences. »

La dénonciation de l'ordre établi ressemble – en apparence seulement ? – à celle brandie près de trois décennies plus tôt par le protégé de Jean-Louis Barrault. Dans les deux cas, la société bloquée était en cause et, avec elle, le moule fabriqué par la sphère de la musique « classique », supposée dépositaire du culte de l'originalité et du génie inoculé, peu avant la Révolution française, par le courant du *Sturm und Drang*. Depuis lors, pied à pied, son hégémonie castratrice a attisé une répulsion, fondée sur le sentiment diffus d'être mis à l'écart par un milieu dominateur, plutôt rétrograde sinon réactionnaire, indifférent aux transformations en cours. Dans une contingence endiablée, le jusqu'au-boutisme des John Cage, Iannis Xenakis, Luciano Berio, György Ligeti et, cela va de soi, Pierre Boulez agissait en miroir de la révolution baroque en route. Les trublions des deux bords étaient animés par une soif de conquête de même nature : faire connaître (ou reconnaître) des œuvres et des idiomes non fréquentés.

*

Cette émulation transverse préparerait-elle une abolition des barrières temporelles ? Rien n'est moins sûr. Provisoirement, des liens esthétiques hors cadres se sont tissés, mais sur des bases floues. Jean-Claude Malgoire ou William Christie ne négligeaient pas les expressions actuelles, bien au contraire. Quant aux « novateurs », certains d'entre eux – Luciano Berio à nouveau, Betsy Jolas, Klaus Huber ou, plus tard, Brice Pauset et George Benjamin – étaient en retour sensibles à l'idée d'un « musée imaginaire » qui les confrontait aux modèles d'antan. Ce rapprochement en vogue n'empêcha pas Pierre Boulez d'adopter un schéma disjonctif, plutôt modérément plébiscité jusque dans son propre camp. Il traçait une ligne de crête, partant du Moyen Âge tardif et de la Renaissance pour converger vers l'absolu représenté par Jean-Sébastien Bach, voire, à de fortes nuances près, Jean-Philippe Rameau. Rien de plus.

Pour certains, cette profession de foi traduisait une vision sentencieuse, à contre-courant du ressenti général. Nuançons la réprobation. Nous ne saurions lui objecter que la spécialisation à l'œuvre, en segmentant la pratique musicale, autorisait en réponse sa lecture sélective. *A posteriori*, sans relativiser la portée d'un compagnonnage transgenre de bon ton, la querelle semblera même dérisoire à qui veut bien remarquer que les uns, absorbés par leur lutte pour la redécouverte d'un « monde en soi », ne se sont jamais risqués sur les pentes les plus raides de la création et que les autres, « à vouloir ne conserver du passé que ce qui nourrit le présent », ont effectué des choix qualitatifs délaissant sans pitié le legs de maints oratorios et opéras.

Parallèle d'un autre registre, non moins singulier : à leurs tout débuts, ces antipodes, téméraires et inspirés, ont réussi à tirer profit d'une conjoncture passagère de forte expansion économique et culturelle. L'ambiance euphorisante, de trop courte durée, nous rapproche du Grand Siècle et des Lumières qui connurent l'émergence d'une riche classe de marchands, cosmopolite et favorable au rayonnement des arts, encline au mécénat. Au petit jeu de la légitimation, les « contemporains » paraîtront temporairement en avance, en se lançant dès la reconstruction dans un processus conséquent de déploiement : du Groupe de recherches musicales (GRM) à l'Ircam, en passant par les formations spécialisées et les festivals de Royan, La Rochelle, Metz, Donaueschingen ou Darmstadt, leur entrisme était adoubé par les politiques, à défaut d'être apprécié. La bascule s'opéra cependant sans tarder. Si la question, lors du lancement des Arts florissants, n'était pas encore celle de l'institutionnalisation du champ baroque, cette troisième étape se profila à toute allure. Le talent et les triomphes à répétition de « Bill », comme l'appelle le milieu, n'y sont pas étrangers. Après quelques atermoiements et angoisses existentielles surgissait le miracle de la tragédie lyrique *Atys*, de Jean-Baptiste Lully, montée avec le metteur en scène Jean-Marie Villégier, d'abord à Prato, village natal du maître de musique de la famille royale, avant une présentation parisienne triomphale, salle Favart, prolongée de plusieurs tournées en Europe, ainsi qu'à la Brooklyn Academy de New York. 1987 venait de sonner l'heure de la prise de contrôle.

La brèche ouverte, beaucoup s'y engouffrèrent. Nous entrions de plain-pied dans une nouvelle ère où le natif de Buffalo endossait l'habit du fédérateur. À la fois parangon de l'exigence et figure tutélaire, il aiguillait le vivier des générations montantes. Marc Minkowski, Hervé Niquet, Christophe Rousset ou Emmanuelle Haïm ont été ses disciples. Tous, plus ou moins rapidement, parfois au forceps et dans la contestation, arriveront à disposer de leur ensemble et de leur chœur. La stratégie boulézienne faisait école : pour défendre ses idées, il n'est d'autres moyens que de conforter leur propagation.

Leçon numéro 2 du fondateur de l'Ircam, également assimilée sans délai : aucune prise de contrôle n'est possible sans relais au sein des cénacles dirigeants. En Europe, les pouvoirs publics ont joué un rôle déterminant. Les Pays-Bas et l'Allemagne avaient modestement initié l'élan baroque ; la France a repris promptement le flambeau, grâce au soutien résolu de gouvernants successifs, séduits pour de vrai par les retombées inespérées d'un plan audacieux de diffusion et de médiatisation débouchant sur un élargissement des publics. L'apport accéléré des maisons de disques, Erato et Harmonia Mundi en tête, du cinéma, des opéras et des grandes salles de concerts devenait un facteur clé du succès. Dès la fin du deuxième millénaire, parmi le cercle avant-gardiste désormais en perte de vitesse, seul Pierre Boulez était en mesure de concurrencer cette envolée, à propos du carnet de commandes des tournées ou des enregistrements. Faute de combattants, le jeu de ping-pong entre nos deux filiations affranchies prenait fin.

Ce bilan flatteur ne représente qu'une photographie prise à un moment donné. La prudence est donc de mise. Dans une économie par nature assistée, tout volontarisme effréné prête le flanc à un retour de bâton. Dès lors que les temps deviennent durs – ils le sont actuellement –, les pesanteurs pudiquement dissimulées se font plus pressantes. Elles sont parvenues à ébranler l'assurance pourtant bien ancrée du milieu « classique » et ne sont pas étrangères à l'essoufflement qui affecte l'orbite de la modernité. Croisons toutefois les doigts : signe d'une jouvence à ce jour préservée de l'épopée baroque, cette redoutée spirale descendante semble l'épargner. Tandis qu'avec les formations Pygmalion, créée par Raphaël Pichon, ou Correspondances, par Sébastien Daucé, des bourgeons éclosent, la synthèse exemplaire de transmission et de patrimonialisation portée par Les Arts florissants persiste à se déployer allègrement. De quoi convaincre les plus sceptiques ?

*

Face à ce soulèvement, l'énigme Pierre Boulez demeure entière. Quoique je finisse par percevoir chez lui une certaine fascination pour une lignée qui a su forger sa destinée, jamais, dans nos discussions ou ses écrits, il ne lâchera prise. Il a pris d'emblée position en des termes qui laissent peu de doute sur sa réticence envers la démarche de « réappropriation ». Quand la mémoire, nous dit-il en substance, se fige en musée qui instaure les traditions, elle risque d'étouffer l'élan, d'écraser l'inventivité sous le poids des archétypes. Il va encore plus loin dans sa mise en garde : l'émergence régulière de « petits-maîtres » fausserait selon lui la perspective « en favorisant un relativisme où tout se vaut ». Difficile d'être plus définitif, qui plus est lorsque s'ajoute une méfiance sur l'emploi d'instruments d'époque qui correspondrait à une illusoire chimère d'authenticité « vouée à la restitution d'un passé tel que nous le concevons maintenant, plus ou moins idyllique, tel qu'il n'a jamais existé ».

Serait-ce une pierre dans le jardin de celui qui a obstinément contribué à l'essor de l'interprétation historiquement informée, même si elle ne l'a pas attendu pour exister ? La réplique de William Christie est connue : afin qu'elle retrouve sa fantaisie et sa sensualité originelles, la musique de l'âge baroque doit être abordée en tenant compte au maximum du contexte de sa gestation. Elle nécessite curiosité rétrospective et fidélité aux sources. Au début, la nomenclature des ensembles, les tempi, l'ornementation, la dynamique, mais aussi – mais surtout – la compréhension des manuscrits, l'approche linguistique et la mise en place de la déclamation ont fait l'objet d'une fièvre de pureté, pensée comme une alternative aux tripatouillages classico-romantiques de ce répertoire. Il était urgent de remettre en valeur un art du chant perdu, « d'explorer Purcell, Haendel ou leurs homologues français et italiens ». Plus question, enfin, de laisser saccager une *Passion* par un orchestre pléthorique ou d'abandonner les *Variations Goldberg* à des mains autres que celles d'un claveciniste.

Il ne s'agissait pas pour autant de verser dans un fétichisme nostalgique. Le matériel d'époque n'est pas un objet idéalisé, juste un prisme de lecture. Aucun dogme ne s'est imposé, sinon l'affirmation d'une ferveur et d'une rectitude messagères d'une quête de justesse d'exécution. Le ténor écossais Paul Agnew qui, à compter de 2013, codirige Les Arts florissants, l'affirme : « Nous ne vivons pas dans un musée. Un vase peut être authentique dans son existence physique, pas la musique, par essence éphémère. Si nous cherchons à reconstituer avec minutie la genèse d'une œuvre donnée – quelle date de naissance ? où ? avec quelle distribution ? –, c'est par respect du génie et de l'individualité du compositeur. »

Là réside la vraie césure diachronique : à dater de la Renaissance italienne, chaque page porte la griffe de son créateur. Ainsi que le revendique William Christie : « Le mot authenticité est détestable. Mais vous devez admettre que depuis les avancées de la recherche, nous possédons des outils de travail qui nous aident. On joue, on chante mieux Rameau. Nous avons reconquis une fluidité, une souplesse, une aisance qui faisaient complètement défaut ! »

Pierre Boulez, lui, a persévéré et douté de cette capacité à réactiver « un cadre ». Il s'est même aventuré plus loin, en requérant l'infidélité : « La déformation m'intéresse. Wagner arrangeant Gluck est plus stimulant que de tenter simplement de rétablir Gluck comme il était. Lorsque Webern transcrit Bach, c'est passionnant, parce qu'il greffe sa perception sur un texte qui ne la réclamait pas. En tant que compositeur, je trouve cela plus fertile : je vois un prédateur qui s'approprie le passé. » William Christie cautionne cette pratique, à condition de ne pas la confondre avec celle d'un Carl Orff, auteur d'orchestrations extravagantes d'opéras de Monteverdi. Le baroque tel qu'il l'appréhende attend de l'interprète qu'il apporte un cachet imaginatif à une échelle qui sera ignorée par le romantisme. Il en est la preuve vivante : « Quand on entreprend de diriger une œuvre ancienne, il est impératif de prendre connaissance des sources et d'avoir lu des traités référents. Pas sans juste distance. Les gens qui limitent leurs exécutions à une certaine vérité musicologique sont à fuir. Je déforme forcément ce que je dirige. » Il prend l'exemple du *Retour d'Ulysse* dont il ne reste qu'un manuscrit, très incomplet, pas même autographe, une brillante démonstration d'écriture à deux voix. L'opéra tient en une partie de chant et une basse. C'est tout : « Il faut donc concevoir un univers riche, divers, sonore, parfois complexe. Ce langage m'est assez coutumier pour que je n'aie pas à me fier à une réalisation existante. »

*

Quelle leçon tirer de ce survol, sinon qu'aucune scission irrémédiable n'est établie ? Ce sont les décalages contextuels qui enseignent le mieux sur l'origine des divergences entre nos présumés contradicteurs. Avec du recul, nous décelons distinctement que l'intransigeance proclamée par les bâtisseurs des années 1950 correspondait à un point de passage obligé.

Penser aujourd'hui l'avenir de l'interprétation à l'aune de ce qu'était alors la virulence du débat philologique serait vain, au même titre qu'apprécier la vitalité de la création sous le prisme unique de la *tabula rasa*. Cette évidence appelle à changer d'angle d'attaque en investiguant plutôt ce qui unit nos mentors. La convergence saute aux yeux : nous sommes face à deux artistes porteurs d'une vision, qui se reconnaissent dans la rigueur appliquée en toute chose. Pierre Boulez est mieux placé que quiconque pour savoir ce que se mettre au service d'une partition signifie : « La musique *contemporaine* n'est pas difficile, elle est mal jouée. » Acquérir son indépendance l'a conduit à se fixer des règles rigoureuses qui ont guidé chacune de ses émancipations. À l'autre extrême, la carrière de celui qui a exalté l'écrin fastueux du Roi-Soleil ne dit rien d'autre ; son recours aux instruments du passé, *contemporains* des œuvres qu'ils servent, procède également d'une réquisition morale.

Dès lors, il n'est pas vain d'éclairer d'autres proximités vertueuses. Les organisations enfantées par ces tempéraments hors du commun ne sont pas figées, mais en perpétuelle régénérescence, au nom de l'impulsion pédagogique qui les bouscule en permanence. La transmission est un antidote à la routine et détermine, pour tout acte, son inscription dans la durée. Si William Christie est toujours sur le devant de la scène, c'est qu'il sauvegarde sa juvénilité et l'allant humaniste des Lumières en cultivant une relève qu'il intègre judicieusement à sa famille d'interprètes. Son art de vivre à la française, érigé au rang de philosophie, aboutit en 2002 au lancement du Jardin des voix, une indéniable pépinière de talents aux missions affichées : agencée sur le modèle d'un centre d'insertion professionnelle et de formation au chant baroque, cette oasis renouvelle ses stagiaires tous les deux ans et concourt avec force aux parcours souvent éminents des sortants.

Tout comme Pierre Boulez se ressourçant chaque été à l'académie du festival de Lucerne, celui qui fit entrer *Les Boréades* de Rameau au répertoire de l'Opéra de Paris conserve son éternelle ardeur qui l'enjoint à détecter, avec Paul Agnew, des jeunes pousses prêtes à vivre une aventure unique. Il les veut curieuses, altruistes et passionnées : « À l'époque de Purcell, les solistes participaient aux ensembles. Avec nous, les volontaires doivent accepter cette idée ; c'est une question d'esprit de corps, de troupe. Je ne suis pas intéressé par les chanteurs trop individualistes, les mauvaises herbes qui ne souhaitent pas se souder à un collectif. »

La métaphore horticole lui sied à merveille. L'ancienne maison forte protestante qu'il a acquise à Thiré, dans le sud du Bocage vendéen, offre un cadre bucolique d'exception ; elle est devenue un lieu phare pour Les Arts florissants transformés en fondation. À partir de 1987, le chef claveciniste y reçoit ses amis musiciens. Ici, le jardin qu'il a créé de toutes pièces évoque différents styles, avec une dominante d'éléments franco-italiens. Il accueille depuis une dizaine d'années un festival d'été précédé sous peu, au printemps, d'un autre temps fort. Au cœur du village se développe progressivement un Quartier des artistes, voué à devenir un véritable campus international. Le projet a cheminé ; l'arrière-pensée d'exalter la beauté naturelle de ce cœur agricole dévoile enfin l'expectative de construire une salle lyrique dont l'ergonomie spatiale et acoustique serait apte à magnifier l'intimité baroque. Dès maintenant, les énergies convergent pour bâtir un épicentre unique, dépositaire d'un art en mouvement, qui brasserait création, recherche et transmission. Une réplique – plutôt une transposition – de l'Ircam, avec ses attendus spécifiques. Ce dernier défi s'écrit déjà en pointillé.

Faut-il lire dans ces destins croisés une amorce de *happy end* ? Laissons entier le mystère. L'obsession du « passage » et de la « trace » est un autre trait d'union entre nos deux frères qui ne sont pas ennemis. Simplement, un temps les sépare. Lorsque l'initiateur des « Arts flo » entra dans l'arène, le discours structuraliste qui avait séduit son aîné tendait à s'effacer. Le postmodernisme commençait à introduire l'éclectisme, le jeu avec les repères historiques et la rupture avec la croyance au progrès. La controverse entretenue sur la pertinence d'exhumer des opéras inédits du XVIIe siècle, toute boulézienne qu'elle soit, n'aurait pas fait couler autant d'encre si le *baroque revival* n'avait été abusivement associé à un style de vie ayant déstabilisé le rationalisme et le consumérisme ambiants. Dans la foulée de Mai 68 et de l'esprit libertaire en vogue en Angleterre ou aux États-Unis, il aurait incarné la revanche du sentiment, de l'individualité et de la fraternité, une sorte de confort du cœur, en réaction conjuguée aux aspirations « collectivistes » de la société matérialiste et à l'austérité de l'art pur. Cette allégation, qui serait à tempérer, masque l'essentiel : chaque génération possède à un degré singulier le sens du renouvellement, voire du recommencement. Gageons que celle qui pointe son nez ne sera pas en reste. Au bout du compte, seuls importent les fragments d'histoire qui agissent sur nos destinées.

Théorie et pratique

Régulièrement confronté au double reproche d'esprit de chapelle et d'avidité de pouvoir, Pierre Boulez se revendique d'être investi d'une « mission ». En stratège, il apprécie les contingences, tire parti des incertitudes et, surtout, maintient le cap. D'entrée de jeu, un programme volontariste semble s'être imposé à lui : comprendre la nécessité de réparer le tissu institutionnel en refondant l'articulation entre création, répertoire et transmission ; comprendre en quoi l'apparition de l'ordinateur et des réseaux de communication agit sur l'invention elle-même ; comprendre à quel stade de développement l'Europe doit parvenir si elle tient à réactiver une identité culturelle et à vivre en paix. Pour cet esprit déductif, la transformation ne saurait se réduire au domaine du langage, elle doit percuter tous les aspects de sa pratique. Très tôt, dans un environnement en forte croissance économique et urbanistique, il a expérimenté des alternatives de taille à relever ces défis.

Dès sa phase d'apprentissage, il s'est ainsi donné pour tâche fondamentale de revitaliser la fonction sociale de son art, du moins sa reconnaissance publique, ce qui supposait une finalité de nature politique, au sens noble du terme, aiguisée par une faculté à assumer des combats parfois fratricides. Agitateur indocile, il a réclamé continûment le relèvement d'une profession qu'il jugeait démobilisée et un *aggiornamento* de l'enseignement spécialisé. À cet effet, il ne se priva pas de mener la guérilla envers les corps constitués et d'impulser des stratégies de dissémination de la création, tous azimuts, susceptibles de mieux la défendre face à la consommation de masse appliquée à la culture.

Les concerts du Domaine musical, lancés en 1954 avec la complicité de Jean-Louis Barrault, de Pierre Souvtchinsky, du chef d'orchestre Hermann Scherchen et de la donatrice Suzanne Tézenas, illustrent à eux seuls cette sève juvénile. Catalyseur des avant-gardes, ils sont devenus le lieu de rassemblement des talents les plus engagés dans la lutte contre les conformismes ambiants. René Char, Henri Michaux ou les écrivains du Nouveau Roman y côtoyaient Jacques Lacan, Max Ernst, André Masson, Joan Miró et d'autres intellectuels, au milieu d'un parterre d'industriels, de politiciens et du Tout-Paris, prestement ralliés par de plus jeunes profanes. Immédiatement, la matrice programmatique se mit en place selon trois tracés conjugués : un « plan de références », aussi bien anciennes que relevant du premier XXe siècle, cooptées en vertu de leur richesse stylistique et de leur résonance actuelle ; un « plan de connaissance » attentif à la divulgation d'œuvres contemporaines encore trop mal connues ; un « plan de recherche » axé sur la nouveauté. Pierre Boulez, qui restera fidèle à cette ligne originelle, retrace sa démarche en termes succincts dans le numéro de janvier 1954 de la revue *Plaisir de France* : « Nous avons voulu faire participer l'auditeur à une sorte de "musicologie comparée" (ce terme tout à fait entre guillemets), sans que le pédantisme didactique prenne part à des concerts qui sombreraient sûrement dans l'ennui léthargique. »

Accorder la théorie et la pratique sera son obsession latente. Le lien passe par l'institution, un mal indispensable, quitte à ce qu'elle devienne le terrain de l'affrontement avec les représentants du pouvoir. Il ne variera pas sur le fond et œuvrera assidûment à la recherche du dispositif le plus opérant, qu'il entreprenne, non sans heurts, de réformer l'existant ou, à défaut, de créer de nouveaux outils. Il n'en restait pas moins dépourvu d'illusion sur la pérennité des organisations humaines : elles ne sont que des murs, et il les sait conjoncturellement traversées par des crises de tous ordres. Elles requièrent du coup un effort constant de clarification sans lequel elles ne se transforment pas. Comment leur faire adopter des idées qui les dérangent et qui, ensuite, s'inscrivent dans leur évolution, malgré des limites économiques et sociales astreignantes ? Un travail de Sisyphe qui n'a jamais ébranlé ses convictions : à l'inévitable bureaucratisation des aventures collectives, il opposait son opiniâtreté à soutenir leur pilotage par des personnalités fédératrices, habitées par une audace propre à allumer la flamme, sachant qu'elles ne pourraient agir efficacement dans la durée en dehors d'un cadre stabilisé. Une donnée que le temps du politique paraît ignorer.

Une fois de plus, pour pénétrer le don d'équilibriste que reflète ce mélange de « pureté » et d'« ouverture aux autres », il n'est pas inutile d'élargir la focale et d'évoquer l'environnement dans lequel l'insoumis s'est frayé un chemin riche en péripéties et en obstacles. Les conflits armés d'Indochine, du Vietnam, jusqu'aux tensions constantes conduisant à la première guerre du Golfe, qui faisaient écho au maccarthysme outre-Atlantique ou aux diktats esthétiques enjoints par le bloc de l'Est, ont motivé son attitude critique face aux différents camps en lutte sur la scène idéologique. Ni le dirigisme soviétique ni même le libéralisme prôné par le monde occidental n'ont eu raison de son engagement strictement musical.

En forçant le trait, il est permis d'affirmer que le point de non-retour fut franchi dès 1947, lorsqu'il se coupa du groupe de jeunes musiciens proches du parti communiste qu'il fréquentait régulièrement avant qu'Andreï Jdanov, le ministre de Staline plébiscité par Louis Aragon, ne promulgue ses règles visant à contrôler l'art. Son refus du réalisme socialiste entraîna un rejet de tout ralliement partisan et un transfert de son militantisme vers les seules causes de nature artistique. Désormais, il se méfiait des professions de foi ; sans se détacher des vicissitudes sociétales, il les observait à la loupe, avec défiance. Il ne variera plus, choisissant de conjoindre son engagement et sa pratique. La musique sera son exclusif projet : « Composer, c'est agir, c'est être politique. »

Il en va ainsi, dans les années 1950, de son empathie pour la nouvelle République fédérale allemande repentante et à la recherche hors frontières de rénovateurs prêts à conforter sa rédemption cosmopolite. Alors que le plan Marshall a donné aux stations radiophoniques les moyens de reconstruire la vie culturelle d'un pays en ruine, Pierre Boulez a bénéficié à Baden-Baden des conditions de travail privilégiées offertes par l'Orchestre symphonique de la Südwestrundfunk. Il y a trouvé son bonheur, et il n'est pas étonnant qu'il se soit par la suite attelé à la fondation en France de collectifs qui reproduisent un niveau identique de discipline et d'exigence. Nous n'en attendions pas moins d'un meneur au tempérament aussi entier. Même si la fermeté n'interdit pas la magnanimité : dans toutes ses aventures, sitôt posés le cadre et ses impératifs en matière d'aboutissement, il n'a eu de cesse de fédérer des énergies d'horizons divers et, en parfaite concorde avec ses interprètes, d'impulser des dynamiques qui raccordent ce que les usages cloisonnent, toujours soucieux de tisser des liens avec les artistes en devenir.

Unique pas de côté, en 1960 : à la suite de la prise de pouvoir par Charles de Gaulle, il fallut que la discorde française lui rappelât les heures les plus nauséeuses de notre histoire pour qu'il prît part à la résistance, au moment le plus intense des échauffourées de la guerre d'Algérie. Sa signature du *Manifeste des 121* sur le *Droit à l'insoumission* condamnant l'attitude équivoque des autorités constitua, dans le domaine politique, son seul opprobre. Si la noirceur de cet arrière-plan a démontré sa capacité à ne pas perdre de vue les valeurs qu'il portait en lui, nul doute qu'elle n'ait, en contrepoint, contribué à forger son « agnosticisme » et son indépendance.

*

L'accumulation des combats menés de front par Pierre Boulez peut surprendre. Il s'en dégage un sentiment d'essaimage, avec une constance à se situer dans le camp du mouvement, constance rarement prise en défaut. Les exemples affluent, témoignant de son impatience à dénoncer tous types de blocage et de sa loyauté sans faille. De 1985 à 1994, la démarche d'ouverture du directeur de l'Académie de France à Rome, Jean-Marie Drot, se heurta à l'opposition forcenée de l'historien de l'art André Chastel, professeur au Collège de France, et de la plupart des pensionnaires se dressant contre l'accueil au sein de la villa Médicis de la population locale supposée troubler leur méditation. La contestation n'aura d'égale que l'appui inébranlable et affiché de Pierre Boulez à l'indiscipliné. De même l'imprésario Ernest Fleischmann, en charge de la gouvernance du Los Angeles Philharmonic Orchestra, profita-t-il durant de longues années de son parrainage amical, notamment lors de la pénible gestation du Walt Disney Hall conçu par l'architecte Frank Gehry. La liste de ceux qui ont fait appel à sa sagacité ou se sont retrouvés frères d'armes occasionnels serait longue à établir. Sans insister sur son foisonnement planétaire, l'album de famille juxtapose des animateurs de « maisons » prestigieuses, des artistes bâtisseurs bien sûr, Daniel Barenboïm ou Patrice Chéreau en tête, sans omettre des responsables devenus ministres, de Michel Guy et Jack Lang à Catherine Tasca. Si aucun lien direct ne réunissait ces personnalités, sinon leur ténacité et leur résolution d'accélérer la modernisation des instances culturelles, les complicités se prévalaient d'un climat de confiance que sa sérénité et son charisme de leader parvenaient à instaurer de prime abord. L'action est ici le maître mot unificateur ; il peut revêtir des significations diverses, mais vise principalement à enrichir le maillage institutionnel tissé au fil du temps ou, du moins, à le revisiter sans relâche. Les alliances, même temporaires, établies par Pierre Boulez autour de quelques desseins supérieurs, y compris avec plusieurs présidents de la République, se fondaient moins sur un besoin personnel de reconnaissance que sur une détermination absolue à aller de l'avant, invariablement renforcée par les obstacles. Il se fixait un but et n'en changeait pas. Avec un corollaire implacable : son aspiration farouche à « faire l'histoire » commandait, outre une vision fédératrice, une aptitude à s'adapter à chaque conjoncture. L'ABC du sens politique.

Ce réalisme assumé ne saurait ouvrir la porte à un quelconque clientélisme : seuls le professionnalisme et l'obsession de la qualité comptent. Comment dès lors ajuster les immanquables conciliabules stratégiques avec l'objectif fondamental de préserver les structures de production des ingérences extérieures qui affectent leur ligne artistique ? La réponse de Pierre Boulez passe par un prérequis non négociable : l'affirmation d'une liberté complète des programmateurs dans leurs prises de décision. Son inflexibilité en la matière est affaire de cohérence formelle liée à son entêtement à restituer avec précision et « objectivité », pour la postérité, une séquence historique déterminée (dans son cas, le grand XXᵉ siècle, dans sa confrontation avec des jalons antérieurs), en proscrivant qu'un pouvoir extérieur puisse en négocier les options. Cette autonomie ne dénote pas un enfermement aveugle. Elle fixe en retour des devoirs, dont l'obligation de penser une ligne exigeante, plus équilibrée qu'il a été insidieusement sous-entendu, qui favorise des ouvertures sans verser dans un éclectisme inconsistant.

La mise en œuvre d'un mode opératoire aussi acéré impose de surcroît un pragmatisme à toute épreuve. Cette marque de fabrique boulézienne se vérifie dans son acclimatation rapide à différents types de canevas statutaires ou de gouvernance. Avec la même souplesse d'analyse, il s'est adapté à des organismes privés reposant sur un mécénat très actif et un bénévolat ardent (ce fut le cas dès le Domaine musical) ou au contexte du Centre Pompidou, essentiellement financé par une contribution de l'État français. À l'étranger, il s'est accommodé tant au système public britannique de la BBC qu'à celui, privé, de l'Orchestre philharmonique de New York. L'empirisme s'accompagnait d'un réel sens du dialogue avec les protagonistes administratifs et politiques, dans la stricte limite du respect des aptitudes de chacun et de la professionnalité de ses interlocuteurs. Cette motivation n'est pas une clause de style. Il le dit sans ambages dans ses entretiens avec le critique Claude Samuel[1] : les organigrammes et les hiérarchies préétablies ne l'intéressent guère ; l'institution « doit se modeler sur la personne qui la dirige, comme le vêtement sur notre corps. Elle est métamorphosée lorsque son responsable est compétent, dynamique, imaginatif ».

Autant Pierre Boulez cultivera des échanges féconds avec de nombreux managers ou ministres, autant il ne reconnaîtra pas à d'autres, jugés médiocres ou inefficaces, le droit d'interférer avec des arbitrages engageant le devenir de son art. Son retentissant *Pourquoi je dis non à Malraux*, assené dans *Le Nouvel Observateur*, le 25 mai 1966, porte à cet égard la trace indélébile de sa relation critique avec les décideurs français. Installé depuis peu à Baden-Baden, prônant haut et fort un décloisonnement entre peinture, théâtre et concert, il réagit *ex abrupto* à la nomination controversée de Marcel Landowski à la tête d'une direction autonome au sein du ministère de la Culture, qu'il estimait être un non-sens : « Est-il bon de séparer la musique de l'action culturelle générale ? Est-il bon de confier l'administration de la musique à un compositeur ? [Qui plus est jugé "falot" et "inconsistant".] À ces deux questions, je réponds catégoriquement non ! »

Que fallait-il comprendre ? Qu'à l'insu du Premier ministre Georges Pompidou un pouvoir usé, sans horizon, avait cédé le pas au clan de la réaction musicale. Choqué de tant de médiocrité, Pierre Boulez, fidèle à ses habitudes, mettait sur la place publique son divorce, avant même qu'il ne soit consommé, et prenait à témoin l'opinion internationale. Cet épisode douloureux anticipera la fin inéluctable du projet de réforme de

---

1. Pierre Boulez, Claude Samuel, *Éclats 2002*, Mémoire du livre, 2002.

l'Opéra de Paris qu'il échafaudait avec Jean Vilar et Maurice Béjart.

On a voulu lire dans cette sécession qui fit grand bruit la confirmation d'un impérialisme dédaigneux ou, à l'inverse, d'une droiture extrême illustrée par son refus de se sentir otage d'un laisser-aller. Dans les faits, l'homme s'accommodait mal de tels raccourcis. Il prenait date. La rudesse de son annonce n'avait pas pour arrière-pensée de l'absoudre, mais plutôt de l'exhorter à ne rien céder et à tourner la page. Même dans les moments les plus pénibles, il cherchait à s'abstraire du tribunal de l'opinion, ainsi qu'en atteste sa boutade prononcée lors de la réception du prix Siemens, en 1979, au moment où une crise de gouvernance faisait rage au sein de l'Ircam : « Je me souviens de ce geste de Chaplin-Charlot, en face d'un juge qui l'accuse des pires méfaits, de se retourner pour apercevoir ce monstre que l'on décrit comme étant lui ; il ne voit que le mur de la salle. [...] À mon tour, devant la bienveillance que vous m'accordez, j'ai envie de regarder derrière moi pour découvrir un personnage au-delà de la dimension quotidienne, et il est probable qu'à l'instar de Chaplin, je ne verrai rien d'autre que le mur de cette salle. » Ou comment chasser le retour du spectre claudélien de « l'ombre double ».

Théâtre

Dans quelle mesure Pierre Boulez a-t-il été influencé par son immersion précoce dans le milieu théâtral ? Comment cette confrontation a-t-elle conditionné son approche du genre lyrique, voire, plus tardivement, sa manière d'appréhender la conduite des institutions culturelles ?

Les pistes sont foisonnantes, précisément documentées par la musicologue Catherine Steinegger[1]. Elles convergent vers une source centrale : sa rencontre avec Madeleine Renaud et Jean-Louis Barrault, dès 1946, par l'entremise du compositeur Arthur Honegger. Auprès du couple « sans qui tant de choses n'auraient pas été », il a fait ses premières armes de modeste chef confronté à un répertoire de circonstance et à des effectifs instrumentaux réduits. S'il a également bénéficié de leur soutien pour fonder son Domaine musical, il a surtout eu l'occasion d'observer le « travail au plateau » et de jauger la palette d'interprétation des comédiens. Cet apprentissage a préfiguré les relations électives qu'il entretiendra durablement avec des artistes de renom : Wieland Wagner, Peter Stein et, en particulier, Patrice Chéreau.

---

1. Catherine Steinegger, *Pierre Boulez et le théâtre*, Mardaga, 2012.

Son apport personnel à la musique de scène, qu'il qualifiait de pratique fonctionnelle, reste marginal : en 1955, une importante partition pour *L'Orestie* d'Eschyle, puis, deux décennies plus tard, en reconnaissance tacite à une époque pour lui révolue, une composition inclassable pour l'adaptation d'*Ainsi parlait Zarathoustra* de Friedrich Nietzsche. Les bénéfices sont d'un autre ordre – dans les rencontres avec les auteurs, dramaturges ou metteurs en scène de passage ; dans la discipline acquise par le futur chef ; dans l'ouverture à des cultures inconnues, dopée par de fréquentes tournées internationales.

La compagnie Renaud-Barrault était l'une des deux troupes qui dominaient la France dans l'immédiat après-guerre, avec le Théâtre national populaire précocement incarné par Jean Vilar. Dans un contexte politique bipolaire, le TNP, ostensiblement classé à gauche, se revendiquait du Berliner Ensemble de Bertolt Brecht et d'un compagnonnage avec des intellectuels de la trempe de Roland Barthes ou Bernard Dort. La ligne de Barrault paraît plus sinueuse. Il jouait aussi bien Eschyle, Molière, Marivaux, Antonin Artaud, Eugène Ionesco, Samuel Beckett que le théâtre claudélien « a-historique ». Cet éclectisme se retrouve dans des choix musicaux exempts de toute proximité avec l'avant-garde : Darius Milhaud, Arthur Honegger, Francis Poulenc, Georges Auric, Joseph Kosma ou Henri Sauguet.

Pierre Boulez a constamment su se nourrir des deux camps. La version du *Partage de midi* de Paul Claudel, proposée en 1948 par Barrault, l'a remué autant que la mise en scène par Brecht, en 1955, de sa *Mère Courage*. Des jalons ultérieurs ont corroboré son goût assumé des contrastes : « l'espace vide » imaginé par Peter Brook pour la création du *Roi Lear*, en 1962, avec la Royal Shakespeare Company ; l'exploration organique du Laboratoire de Jerzy Grotowski, hébergé en 1966 par le Théâtre des Nations ; puis, en 1971, le choc occasionné par *Le Regard du sourd*, de Robert Wilson, qui dévoile un monde intérieur où le langage ne prime plus. Par la suite, je l'accompagnerai dans la découverte de plusieurs spectacles catalyseurs : en 1989, *Le Temps et la Chambre*, de Botho Strauss, suivi cinq ans plus tard par *L'heure où nous ne savions rien l'un de l'autre*, de Peter Handke – montés tous deux par Luc Bondy –, précédant de peu *Dans la solitude des champs de coton*, de Bernard-Marie Koltès, dans l'interprétation charnelle de Patrice Chéreau et de Pascal Greggory. Chaque fois, je fus frappé par sa disposition à capter l'essence du texte théâtral et à déchiffrer les modulations de l'espace de jeu. Il va sans dire que le natif de Montbrison n'avait pas attendu pour s'aguerrir : à dix-neuf ans, à peine débarqué dans un Paris rationné et sans voiture ni divertissement, il était parvenu à assister à la première de *Huis clos* au Vieux-Colombier.

Dès l'orée de son parcours, le jeune solitaire fit preuve de pragmatisme ; ses engagements réguliers en qualité d'ondiste, en 1946, aux Folies-Bergère, sont là pour le rappeler. Ensuite, dans la fosse de Marigny, le novice s'est voué à sa nouvelle activité avec rigueur, prenant surtout plaisir à repérer les personnalités hors du commun, taillées pour l'aiguillonner. Claudel est au nombre de ses inspirateurs. Le poète-diplomate éprouva un étonnement qui allait s'installer profondément en lui lorsque, nommé en 1921 ambassadeur, il pénétra la civilisation japonaise. Pierre Boulez suivra les yeux fermés ses préceptes : « Peut-être parce que j'ai moi-même passé une grande partie de ma vie hors de France, je suis séduit par cette vision d'éternel étranger, pour ne pas dire d'exilé, qu'il projette sur ce qui l'entoure[1]. » Marchant dans ses pas, il verra dans le *gagaku* un foyer possible d'agrandissement du monde, en y puisant « davantage une éthique de l'existence qu'une esthétique de jouissance ».

Cet « ailleurs » est source d'une fascination constante. Il a profité des longs voyages de la troupe Renaud-Barrault pour renforcer ses liens avec John Cage, David Tudor et l'*underground* new-yorkais, mais aussi suivre un rite d'envoûtement au Brésil ou un cérémonial lors d'une visite du palais impérial de Tokyo. Au nom d'une brûlure le forçant à dépasser les « balises et limites censées canaliser l'existence », il se sentait également proche des théories exposées par Artaud dans *Le Théâtre et son double*, fruit de la recherche d'un art total intégrant langages, gestes, sons, paroles, feux. Il l'écrit dans les *Cahiers Renaud-Barrault* : « L'avoir entendu lire ses propres textes, les accompagnant de cris, de bruits, de rythmes, nous a indiqué comment opérer une fusion du mot et du son, comment faire gicler le phonème lorsque le mot n'en peut plus, en bref, comment organiser le délire. »

Nous n'étions qu'en 1947. Déjà, Pierre Boulez se questionnait sur la relation entre texte et musique : « À mon avis, seul le dramaturge est apte à avoir de l'inventivité visuelle, et certains sont beaucoup plus doués que d'autres. » Il cherchait son binôme, sans trouver dans un premier temps celui qui l'aiderait à « exploser » la narration : « Quelques-uns, tel Beckett, ont une imagination très forte mais mettent tout dans leur énoncé pour qu'il n'y ait pas place pour autre chose… » C'est finalement à Jean Genet qu'il s'adressa pour envisager la création

---

1. Pierre Boulez, « Paul Claudel, intolérant et révolté », *in Six musiciens en quête d'auteur*, propos recueillis par Alain Galliari, Pro Musica, 1991, p. 13-24.

d'un opéra. En 1959, il fut désarçonné par la représentation des *Nègres*, une « mise en boîte de l'histoire de France », selon les termes du metteur en scène Roger Blin, interprétée par les acteurs noirs de la troupe des Griots. Il retrouva peu après ce passionnant « jeu sur le jeu » dans *Les Paravents* : « Il y a une séquence très impressionnante, dans laquelle les Algériens invectivent les Français, mais non pas avec des mots. Ils dessinent des insultes sur les murs. À la fin de la scène, le décor est prêt. [...] Cette idée a une incroyable force. Elle a poussé Genet à s'intéresser à la technique de mes œuvres. Il parlait d'introduire les gestes du chef d'orchestre dans la pièce, pour justifier la présence de la musique[1]. »

Pierre Boulez n'hésitait pas à nommer ce qui l'attirait chez ce transgressif : « Dans ses injonctions, vous avez des espaces vides dans lesquels vous pourriez mettre une dimension du son. » Malgré la disparition en 1986 de son alter ego, l'auteur maudit du *Journal du voleur*, il n'interrompra pas sa quête de ponts inter-artistiques. Bien qu'abhorrant le monde composite de l'opéra, à cause de son répertoire en partie stéréotypé, son public formaté et ses dérives institutionnelles, il a pressenti successivement des projets lyriques, tous avortés, avec Bernard-Marie Koltès, Edward Bond, puis Heiner Müller qui lui suggérera une mise en pers-pective de *L'Orestie* le ramenant à ses premiers pas au théâtre Marigny. La boucle sera bouclée avec *En attendant Godot* de Beckett dont l'adaptation fera l'objet d'un dialogue intense avec Chéreau. Là encore, pas de passage à l'acte : il était trop tard pour prendre possession de ces fameux « espaces vides ».

Il en ira de la danse comme de l'opéra : une évidence, une séduction, mais rien de sublimé. Maurice Béjart, qui ne

---

1. Catherine Steinegger, *Pierre Boulez et le théâtre, op. cit.*

concevait pas sa pratique séparée de la musique de son temps, avait choisi de s'emparer du *Marteau sans maître*, puis de *Pli selon pli*. En écho lointain, le compositeur s'associa à Pina Bausch pour le montage à Aix-en-Provence, en 1998, du *Château de Barbe-Bleue*. Il avait gardé en mémoire le ballet mythique de la chorégraphe, produit vingt ans auparavant, où, dans sa virée assassine, l'époux tourmenté enclenchait son élan vorace, sans cesse reconduit, en rembobinant furieusement la bande sonore de l'opéra de Béla Bartók. Ultime duel passionnel pour Pierre Boulez. Il n'ira pas plus loin. Malgré son envie d'explorer les marges et les territoires de l'illusion scénique, il resta en retrait dans sa connivence avec le milieu de la danse, auquel il reprocha souvent de trop s'approprier des musiques d'ameublement enregistrées ; de son côté, il n'est pas sûr qu'il ait toujours pris pleinement en compte les exigences de la recherche corporelle.

*

Lorsque je débarquai en Alsace, à la fin des années 1970, je n'appréhendais de Chéreau que son travail théâtral présenté au Théâtre national populaire de Villeurbanne. Et Pierre Boulez n'était qu'une icône inaccessible. Je savais seulement que tous deux étaient assurément les promoteurs d'une incandescente rénovation de l'opéra. Ils avaient acquis cette renommée universelle à Bayreuth. Pour fêter le centenaire du festival fondé par l'instigateur de l'art total, son petit-fils Wolfgang Wagner invita les deux Français à réaliser, en 1976, une nouvelle production de *La Tétralogie*. Elle se révéla immédiatement un événement culturel de portée mondiale, tant les réactions des passionnés, enthousiastes ou farouchement hostiles, furent médiatisées.

Les polémiques n'ont pas nui à ce *Ring* retravaillé chaque été pendant cinq ans par ses protagonistes, dans la recherche d'une plus grande fluidité. Elles amplifièrent au contraire son caractère historique, replaçant Bayreuth au rang suprême des rendez-vous musicaux, après l'éclipse ayant suivi la mort du metteur en scène Wieland Wagner – frère de Wolfgang – en 1966. Chéreau se souvient : « Mon activité a sans doute culminé comme un plein de théâtre énorme : quatorze heures de spectacle ; Boulez, évidemment, m'apprend énormément de choses, sur les œuvres, leur structure, leur durée, leur narration, ce qu'il faut viser. J'ai eu beaucoup de chance de travailler avec lui et je ne l'ai jamais oublié : cinq ans ensemble, un savoir partagé, ce qui est le plus rare et le plus précieux. »

Mais ne prend pas part à l'apparat qui veut. À peine la location ouverte, des *aficionados* du monde entier et des snobs de tout acabit accaparent les places. Il est pour ainsi dire impossible de s'en procurer. Sauf quand la chance s'en mêle. En 1979, un responsable du théâtre de l'Athénée avec lequel je négociais la venue à Lyon d'un spectacle de Jacques Lassalle me proposa au dernier moment d'assister à *Siegfried*, l'avant-dernière journée du cycle, qui précède *Le Crépuscule des dieux*. Je modifiai mon planning et me retrouvai à Bayreuth, à la suite d'un voyage chaotique et express. La décoration intérieure des hôtels et des restaurants, l'ordonnancement des rues, la longue montée vers la Colline verte où trône le Palais des festivals, jusqu'à l'afflux d'habitués au maintien suffisant : le souvenir était pesant. Celui d'une proximité du clan Wagner avec Adolf Hitler et d'une compromission avec la politique culturelle du national-socialisme ayant débouché sur l'utilisation du compositeur par la propagande du régime. La période nazie semblait encore rôder, même si Wieland, après la guerre, avait donné au festival une orientation esthétique audacieuse, connue sous le nom de « Nouveau Bayreuth ».

Le seuil du Palais des festivals franchi, la perception change du tout au tout : la sobriété et un certain sentiment d'intimité frappent d'emblée. Durant la décennie 1870, le musicien a pensé chaque détail du bâtiment dans le seul but d'optimiser la concentration de l'assistance. Se démettant de la disposition en fer à cheval, à « l'italienne », il répartit les rangées du parterre en un amphithéâtre qui donne la sensation d'un placement égalitaire des spectateurs. La salle est en forte pente, et les sièges s'apparentent à de larges strapontins inconfortables, sans accoudoirs, aux rangées alignées en quinconce afin d'offrir une très bonne vision. Le démiurge a imaginé une fosse novatrice qui s'engouffre sous le plateau et dérobe les instrumentistes au regard du public en laissant les chanteurs suivre les indications du maestro. Rien ne doit détourner l'attention de la scène. Cet agencement, qui favorise un bon équilibre acoustique entre les chanteurs et l'orchestre wagnérien de grande taille, renforce l'impression d'enveloppement, comme si la musique parvenait de toutes parts. De la place occupée par le chef, c'est une autre affaire : il lui faut s'adapter avant de trouver les bons réflexes et gérer au mieux le flux sonore.

Découvrir à Bayreuth ce *Siegfried* fut un choc dont il ne me reste que des échos magnifiés et remodelés par la mémoire. Ce fut le visionnage, plus de trente ans après, de l'intégralité du *Ring*, filmée par Brian Large, qui m'aida à entrevoir l'ampleur de l'événement. Le récit sort de son fantasme mythologique et se déplace vers la réalité sociale des trois décennies pendant lesquelles le compositeur le conçoit. Un barrage de béton industrialise le Rhin éternel, les dieux germaniques adoptent l'habit des maîtres de forge du XIXe siècle, les nains sont de vrais prolétaires, et Siegfried revêt le smoking pour son mariage. Des images grandioses se déploient, celles des décors de Richard Peduzzi et des costumes de Jacques Schmidt. Avec un vrai feu, du vrai sang, de vrais meurtres, elles signent la mise à nu d'une allégorie jusqu'alors paralysée par l'amour univoque que lui témoignaient ses admirateurs. La démesure porte la marque de Chéreau : un jeu d'acteurs d'une violence et d'une gravité subversives, néanmoins empreint d'humour. Miraculeusement, une lecture de la partition dépouillée de pathos libère son nuancier dynamique et entre en symbiose avec ce « capharnaüm bouleversant » – selon les mots du metteur en scène pour qualifier ce sommet du répertoire lyrique – en lui ôtant la lenteur et l'épaisseur du legs germanique. La transparence et la fluidité caractéristiques du chef français font ressortir les couleurs, la richesse des *leitmotive* et le fourmillement de la matière thématique, accentuant l'intemporalité du langage wagnérien. Pour reprendre la formule de Claudel, l'œil écoute. La musique n'est plus réduite à la seule fonction de souligner ce qui se passe sur le plateau. Les motifs ne sont pas simplement le double sonore des personnages ; ils acquièrent leur propre identité. L'orchestre, le chant, la gestuelle des acteurs, la scénographie…, la totalité de ces éléments partiels « se composent » pour constituer une forme accomplie. Dans ces reflets infinis, la modernité de l'œuvre éblouit ; sa parabole est prise à bras-le-corps jusqu'à installer une osmose où toute artificialité est dissoute.

Je ne retournerai à Bayreuth qu'en 2004. Pierre Boulez avait décidé de se confronter une dernière fois à son passé, en hommage à Wieland qui, s'efforçant de débarrasser l'héritage de son grand-père de ses connotations nauséabondes, l'avait intronisé près de quarante ans plus tôt : « J'ai commencé avec *Parsifal* et je vais arrêter avec *Parsifal.* » Pour cet adieu, il épousa les digressions de son nouvel acolyte, Christoph Schlingensief, qui « [lui] plaisait beaucoup » en raison d'une « invention scénique grinçante ». Derrière ces mots convenus, il se sentait attiré par l'oubli de soi d'un réalisateur qui s'ingéniait à dépasser notre vision lyrique hégémonique et à se projeter hors des limites trop étroites de l'Europe, allant jusqu'à créer un « village opéra » au Burkina Faso. Il s'en remit à lui pour imposer sa vision impitoyable : « Je n'ai pas de conception arrêtée de l'ouvrage. Le livret appartient à la religiosité d'un autre âge et il n'est pas intéressant de revenir à cette esthétique. »

Scandée par des tableaux mêlant cinéma, art, performance et chant, la production fit scandale. Elle fut jugée *trash* et iconoclaste, même si sa démarche documentée, motivée, n'avait rien d'une provocation gratuite. Le chef, fidèle à sa méthode, défendit jusqu'au bout son partenaire : « Mieux vaut avoir trop d'idées que pas assez. » Comme il fallait s'y attendre, sa direction fut un idéal de clarté, d'épure, d'équilibre. Nonobstant une distribution de chanteurs inégale, ce *Parsifal* atteignit une manière d'absolu dans la fosse.

Après la représentation, nous sommes partis dîner. Je découvris que les relations étaient tendues entre Schlingensief et la famille Wagner qui aurait souhaité mettre fin prématurément à cette collaboration. Pour mener à bien le projet, Pierre Boulez avait dû peser de tout son poids et expliquer qu'en aucun cas il ne se désolidariserait de son coéquipier. Cette situation l'oppressait. Bayreuth avait balisé sa carrière. Il était monté ici à près de cent reprises au pupitre. Il avait demandé maintes fois, en vain, aux équipes de la construction de l'Opéra Bastille de s'inspirer de certains aspects de ce prototype : « J'ai trouvé la scène, la fosse et la salle vraiment fantastiques. » Il est non moins vrai qu'il exécrait l'attitude régressive d'une partie du

public et était troublé par les errements des héritiers : Wolfgang s'opposait durement au clan de son frère défunt (notamment sa nièce, Nike) et, malgré son âge avancé, se comportait en directeur omnipotent, refusant que sa propre fille, Eva, désignée par le conseil d'administration, lui succédât.

Le climat rappelait celui entretenu par la vieille garde qui avait réagi si violemment la première année du *Ring* du centenaire. En ce début du XXIe siècle, certains responsables et chanteurs continuaient à adopter des postures réveillant un cauchemar que l'on voudrait croire enfoui. Bayreuth n'en finira jamais de régler ses comptes avec l'histoire. La musique, qui prétend s'échapper des contingences sociales, y demeure prisonnière de tensions toxiques. C'est sa force et son drame. Nous envions le modèle allemand : cinq fois plus d'orchestres et d'opéras qu'en France, une pluralité de compositeurs marquants à chaque génération et une continuité historique sans égale fondent une culture porteuse de souffle.

Cette richesse ne suffit pas à garantir un épanouissement humain. L'impératif moral des institutions, qu'elles se consacrent aux répertoires anciens ou soient orientées vers la création, n'est-il pas de mettre en accord leurs pratiques avec des valeurs représentant un gage de « tolérance » et de lutte contre les replis identitaires ?

Donc on remet en question

Seuls les actes permettent de faire surgir l'impossible. Ceux de Pierre Boulez furent à la fois tranchants et pertinents, de taille à léguer un héritage qui devrait interroger notre mémoire collective. L'ambivalence versatile de l'opinion publique n'aura pas freiné l'ardeur du stratège.

Que l'on admire son accomplissement ou que l'on s'insurge contre ses rêves de grandeur, son temps – celui de l'élan et de la sublimation – semble lointain. Il serait pourtant d'actualité de remettre au goût du jour certaines de ses valeurs, parmi lesquelles la sauvegarde de l'autorité artistique. Non pas en vertu d'un quelconque donquichottisme, mais afin d'affirmer le primat du débat d'idées sur les logiques fonctionnelles formatant les pratiques, eu égard au malaise existentiel qui ronge nombre d'institutions soumises aux lois d'airain du marché et à des modes d'organisation bureaucratique contraignants. Ce noble impératif d'émancipation ne prend cependant sens qu'accordé avec une vision d'ensemble à même de concilier deux aspirations adverses. L'une convie à un nécessaire retrait, voire « recueillement » : la création dicte ses règles, au premier rang desquelles l'incitation à concevoir des lieux spécifiques aménageant un climat protecteur, de nature à stimuler l'interaction entre artistes et chercheurs. Une autre voix intérieure, aussitôt, exhorte à l'ouverture : la survie à court terme des œuvres est subordonnée à la constitution d'un réseau de propagation en mouvement constant, apte à promouvoir un répertoire nouveau, et à la conduite d'une démarche offensive d'information, voire de formation du public.

Cette antinomie supposée explique que Pierre Boulez ait été déterminé à instaurer des liaisons plus organiques entre moyens d'expression et moyens de dissémination. Il a théorisé la nécessité d'inscrire physiquement la recherche au cœur d'espaces généralistes et polymorphes, en introduisant un paradigme de « production-diffusion » qui répondait à ces enjeux de transversalité. C'est pourquoi l'Ircam fut intégré au Centre Pompidou pluridisciplinaire, au croisement de forces conflictuelles : avec son « bras séculier », l'Ensemble intercontemporain, ils ne se conformaient à aucun moule préconçu ; pour autant, dès les années 1970, par la complémentarité et la singularité de leur positionnement, ils traçaient de nouvelles voies de divulgation fréquemment empruntées depuis.

Le projet de l'Opéra Bastille, initié au début de la décennie suivante, aurait gagné à s'apparenter à cette démarche formelle, afin de ne pas constituer un simple agrandissement du modèle archaïque de « Garnier », consacré en 1875, mais de s'ériger en un outil destiné à renouveler l'écoute lyrique et ses modes de production. C'était compter sans l'acharnement des tenants de l'immobilisme. Objet de moult joutes politiques, « Bastille » a été inauguré, en 1989, aux dépens de la salle « modulable », appelée au départ à élargir les répertoires scéniques, qui fut abandonnée en cours de construction de l'édifice. Tous les coups étaient permis dans cette longue et âpre bataille perdue par Pierre Boulez qui ne faisait décidément pas bon ménage avec les turpitudes opératiques, du moins en France, en dépit de son succès planétaire du centenaire du *Ring*. Venant répliquer le bras de fer de l'ère Malraux, ce nouvel échec l'affecta sérieusement. Il retiendra néanmoins la leçon en s'investissant – une nouvelle fois tête baissée – dans la gestation de la Cité de la musique plus conforme à ses convictions, avec le résultat posthume que l'on connaît. En ce lieu, désormais confondu avec la Philharmonie, s'entrelacent avec discernement, près de trente ans après son ouverture, concerts, enseignements spécialisés, organologie, médiations de différents types, pour le bonheur d'un public diversifié en âges et en origines, et se succèdent des formations se rapportant à tous langages, époques ou continents. Les chroniqueurs désabusés d'un échec annoncé peuvent passer leur chemin : l'Orchestre de Paris et l'Intercontemporain y côtoient en harmonie Les Arts florissants, le gotha mondial et des orchestres d'enfants ; une Biennale des quatuors alterne avec des festivals annuels aux colorations pop, jazz ou extra-occidentales ; une exposition *Great Black Music* partage l'affiche avec des rétrospectives Beethoven, Basquiat ou Barbara. On songe à la prédication attentionnée de Maryvonne de Saint-Pulgent, longtemps membre du Club de l'horloge et indétrônable présidente du comité d'histoire du ministère de la Culture, révoquant en vrac une hégémonie supposée et le choix d'un site inapproprié pour les Parisiens mélomanes : « Il n'est pas possible de construire un tel équipement à la Villette. Le plan d'occupation des sols, les difficultés d'accès, le tracé du boulevard périphérique…, tout s'y oppose. » Tout, en effet. Notamment ce qui n'est pas formulé : un rejet primaire de la modernité et un mépris de caste.

*

Dans cet élan précurseur, Pierre Boulez s'appliqua à tordre le cou à quelques facilités qui, au prétexte de se libérer des canons rigides et de s'ouvrir à la multiplicité des sens possibles, exaltaient l'idéal du *happening*. Ainsi, il ne céda pas à la tentation du *cross over* et ne fit pas vraiment sienne l'utopie sous-jacente à « l'œuvre d'art totale » (de l'allemand *Gesamtkunstwerk*) apparue au XIXe siècle, telle qu'elle fut revisitée par une frange avant-gardiste attisée par la *performance*. Délibérément, il situa son discours à la croisée des chemins en conjuguant des préoccupations apparemment contradictoires : à titre préventif, garantir l'indépendance des modes opératoires inhérents à chaque discipline dont il respectait les spécificités ; *a contrario*, ne pas se confiner dans une tour d'ivoire, mais établir un réseau de correspondances en mettant en regard « des points de vue en provenance de champs totalement différents ». Lorsque les sphères d'activités vivent en autarcie et obéissent à des valeurs strictement autonomes, le lien social tend à se décomposer. À trop viser la pureté radicale, « l'art pour l'art » se vide de son essence et devient une formule aussi inerte que le proverbial « *business is business* ». Pour sortir de cette impasse, une réarticulation s'impose aux yeux du compositeur. Il reconnaît le besoin d'acquisition de savoir-faire spécialisés sans lesquels « l'outil est insuffisant pour servir la pensée » ; conjointement, pour échapper au danger d'aporie que représente l'enfermement dans une pratique, il loue les vertus d'un autoapprentissage permanent qui sollicite l'observation comparative.

Cette ligne diagonale s'est imposée à lui peu après Mai 68, au moment de définir ce que sera l'Ircam. Elle s'énonce dans le célèbre exergue fondateur, *Donc on remet en question* : « L'intuition du créateur, à elle seule, est impuissante à opérer la translation totale de l'invention musicale ; il faut donc avoir recours à la collaboration du scientifique pour considérer l'avenir à plus longue échéance, pour imaginer des solutions moins personnellement délimitées. » Ce manifeste devançait l'importance des mutations technologiques naissantes, sans craindre de prévenir des tensions qu'elles allaient graduellement générer. Portée par la conversion numérique, la seconde moitié du XXe siècle était en voie d'enclencher une accélération sans précédent des échanges se targuant de balayer les fondements du protectionnisme économique. Le marché, l'information et le flux perpétuel de l'argent se mondialisaient. En réponse à cette menace de désintégration, des formes d'autarcie commençaient à s'organiser, au nom de la défense des singularités, au risque de tout figer – les langues, les cultures, la circulation des individus. Pour éviter le manichéisme de cette opposition et prendre son destin en main, le musicien n'envisageait de solution que collective et requérait des espaces de liberté, affranchis des standards dominants, en prescrivant un emploi maîtrisé des apports de la science, sans tourner le dos au « progrès ». Une fois de plus, contrairement aux apparences, il ne prôna pas la rupture, se plaçant dans une continuité historique, à travers une empreinte identifiable. Comme le dira plus tard Daniel Barenboïm : « Il était révolutionnaire mais partisan de l'évolution, non pas de la révolution en soi. »

Ultérieurement, fort de son expérience de chef d'orchestre le sommant de définir son propre vocabulaire gestuel et théorique, Pierre Boulez, en bonne logique, s'est attaqué pleinement à la résolution des problèmes de l'interprétation et de la diffusion, sous le double prisme de l'élargissement des répertoires et de leur appropriation par de nouveaux publics. Le malentendu surprendra : c'est sur ce dernier chapitre qui s'entremet avec les enjeux de la « démocratisation », en apparence éloignés de son image élitaire, qu'il a rencontré le plus de difficultés à convaincre les pouvoirs en place du bien-fondé de sa conception reposant sur la création d'organes disséminateurs, où le concert rayonnerait au centre d'un ample dispositif de médiation. Aux États-Unis, il s'est heurté au marché qui, en édictant ses normes, ses catégories et ses monopoles, façonnait des rouages par essence lucratifs. En France, tout en se tenant à l'écoute des politiques, il s'est insurgé régulièrement contre la technocratie interventionniste qui avait pour habitude de créer ses commissions et ses mécanismes de blocage vidant les projets prospectifs de leur vitalité. Face à ces entraves, sur le fond, où qu'il agisse, il n'a pas modifié sa stratégie, conviant les protagonistes à se projeter à une autre échelle de structures, de circuits et de mentalité pour éviter le double écueil de l'uniformisation et de la banalisation.

*

En 1984, « sa » Cité de la musique, porte de Pantin, confiée à l'architecte Christian de Portzamparc, suscitait, de la part des pouvoirs publics, une sorte de scepticisme. Quinze ans plus tard, elle ralliait tous les suffrages. Il aurait pu se satisfaire de ce succès. Il approchait les soixante-quinze ans, mais n'avait rien perdu de sa lucidité et de sa pugnacité. Son ultime plaidoyer dénonçant une « Cité unijambiste » en rend compte : « Il faut voir comment ont évolué les musées internationaux pour constater que la vie musicale n'a pas encore su, en général, faire face aux inflexions de notre société. La pratique courante se rattache toujours en partie à celle du XIXe siècle. » D'où l'exigence, selon lui, de passer à la vitesse supérieure et de susciter un contexte en mesure d'attirer des citoyens aux motivations hétérogènes. Il professe à ce titre l'urgence d'inciter les profanes à se déplacer hors du temps des spectacles pour prendre part à des initiations et débats qui les aideraient à décanter ce qu'ils ont éprouvé lors de la performance, aux fins d'ancrer en eux cette expérience toute fraîche : « Il faut créer des satellites répondant à des besoins différenciés, ceux des adultes et des enfants, ceux d'un public entraîné, éduqué, assuré et d'un public nouveau, curieux, incertain. » On ne désire plus recevoir une leçon, « fût-elle réellement magistrale », mais découvrir par soi-même, avec les acquis de la technique, en conduisant son propre parcours selon de multiples chemins. L'autodidacte prétendument intolérant était en réalité féru d'une éducation ouverte, délivrée en complément des cursus normés et susceptibles de transmettre l'étincelle.

Le propos passerait pour naïf, voire chimérique s'il n'émanait d'un artiste ayant anticipé la transformation de notre paysage, aujourd'hui mondialement perceptible dans des réalisations récentes qui traduisent, par le biais de leur architecture intérieure, la volonté de mieux prendre en compte les activités de transmission. Très sensible dans les musées qui ne se limitent plus à un simple agencement d'espaces dévolus aux accrochages – à l'instar des évolutions survenues au Louvre, à la Tate ou au MoMA –, la métamorphose se lit aussi dans plusieurs complexes musicaux fraîchement inaugurés, qui tentent de mettre le lieu de représentation en résonance avec des espaces réservés à d'autres modes d'assimilation, de nature plus pédagogique. Cette capacité à préfigurer une restauration des pratiques participatives, dorénavant entrées dans les mœurs, concourt à mesurer l'emprise exercée par Pierre Boulez sur son temps et l'acuité de la politique qu'il a esquissée. Si sa vision témoigne symboliquement d'une époque audacieuse qu'il a énergiquement contribué à façonner, elle demeure de surcroît à bien des égards d'une actualité confondante.

Jean-Jacques Aillagon n'analysait pas la situation sous le même angle. Tout juste nommé ministre de la Culture en 2002, il a joué au chat et à la souris. Malgré ses engagements en faveur d'une salle symphonique, pris durant la campagne présidentielle, il redoubla les fausses offres de bon service et mit sous pression la ville de Paris en annonçant sa « disponibilité à accompagner à la marge, comme [il] le pratiqu[ait] ailleurs, l'investissement des collectivités ». Échange de bons procédés, Bertrand Delanoë, appelé à devenir le financeur majoritaire, rétorqua qu'il s'« emploier[ait] à intégrer dans le plan local d'urbanisme la possibilité d'installer un auditorium à la Villette ». Nous tournions en rond. Le face-à-face stérile s'arrêta en mars 2004, l'occupant de la rue de Valois, affaibli par la crise des intermittents, laissant sa place à Renaud Donnedieu de Vabres.

L'homme était volontaire, généreux et direct. Après une prudence de courte durée, il affirma son soutien, avec vigueur. Début mars 2005, il répondit favorablement à mon invitation de célébrer à la Cité les quatre-vingts ans du maestro. L'événement anticipait de deux semaines son anniversaire, à cause d'un agenda qui, le jour J, l'obligeait à diriger le Philharmonique de Vienne, au Musikverein. Cinq cents professionnels et officiels étaient conviés à partager un concert conduit par plusieurs chefs invités. Le ministre prit la parole, salua celui qui représentait la France aux quatre coins du monde et termina son hommage en lui donnant rendez-vous dix ans plus tard, espérant qu'il retiendrait la bonne date pour fêter à Paris ses quatre-vingt-dix ans. Pierre Boulez monta sur scène, regarda l'assistance, marqua une pause avant de répliquer, l'œil malicieux et la voix complice : « Avec plaisir. J'ai juste une requête ; si possible, dans une salle un peu plus grande. » L'assistance éclata de rire, l'ovationna. Le ministre, beau joueur, applaudit. La soirée se poursuivit par un dîner offert par Renaud Donnedieu de Vabres qui, en privé, assura avec fermeté œuvrer pour que le projet soit officialisé. Parole tenue, malgré l'incrédulité affichée par son hôte de marque. Nous attendrons une année, mais l'acte de naissance de la Philharmonie sera cette fois annoncé d'un commun accord entre l'État et le maire de la capitale.

Peinture

La musique est ancrée dans la société : elle en capte les rumeurs, en épouse les mutations. Elle n'est pas faite que de notes, d'accords, de silences et de rythmes. Le compositeur vit aussi dans d'autres domaines, comme les sciences, la peinture ou la poésie. Pierre Boulez plus que tout autre.

Chez lui, ce regard perspicace sur le monde, qui pourrait ne traduire qu'une simple curiosité de bon ton, est très vite devenu côtoiement quotidien. Il ne s'est pas hasardé à vagabonder à travers les arts, à la manière d'un amateur avisé, mais a cherché à élargir son horizon en détournant à son propre usage les constituants d'autres pratiques. Prédateur ? Il l'a toujours revendiqué : rien de plus stimulant que l'enrichissement hérité de l'extérieur, recouvré et métamorphosé.

Il s'est livré avec pondération au jeu des analogies entre les disciplines, averti que les configurations visuelles et musicales relèvent de registres distincts (les unes scrutent l'espace, les autres, le temps) qui entrent néanmoins souvent en connexion. Il n'a dès lors pas craint de sortir occasionnellement des sentiers battus et de s'affranchir des catégories. Pour lui, le processus de création ne consiste pas à respecter un cadre déjà codifié, il procède d'une synthèse qui induit une certaine remise en cause des acquisitions antérieures.

En associant Paul Cézanne et Claude Debussy, Vassily Kandinsky et Arnold Schönberg, ou encore Piet Mondrian et Anton von Webern qu'il plaçait « à la racine de la modernité », il a formulé des parallélismes entre des personnalités qui ne se sont jamais côtoyées, pour mieux souligner leur concomitance de pensée et leur disposition commune à cultiver une nouvelle syntaxe : « Sans avoir besoin d'en faire le constat systématique, les incidences sont nombreuses qui suscitent une osmose, plus ou moins consciente, conférant un profil commun à une époque donnée. »

Il affectionnait tout particulièrement la peinture qui s'émancipe de la fonction représentative sans renoncer complètement à son rapport au réel. Si la nature implose dans les derniers tableaux de Cézanne, c'est que le père de l'art moderne parvient à fragmenter en une mosaïque de touches un paysage qui, longtemps, lui est paru impénétrable. Georges Braque et Pablo Picasso, dans leur jeunesse analytique, ont systématisé son propos. Mais la géométrisation et l'abandon des modulations descriptives, s'ils modifient l'apparence d'une chose, n'en altèrent pas la substance, comme l'a montré l'exceptionnelle exposition new-yorkaise sur l'invention du cubisme, présentée au MoMA en 1989 – l'une de celles qui ont profondément marqué Pierre Boulez.

Quant à Kandinsky, le peintre de « la nécessité intérieure », il l'a découvert au sortir de la guerre, dans une galerie parisienne. Ce qui l'intéressait chez l'auteur du texte *Du spirituel dans l'art* n'était pas ses travaux sur l'étude des formes, développés à dater des années 1920, ni la synesthésie ni l'évocation abstraite d'un monde « résonnant ». Il saluait plutôt son épanouissement naissant du début du siècle, quand s'opéra en lui la catalyse progressive de l'innovation. C'est en éclatant les notions traditionnelles et en exhibant des disjonctions entre la couleur et le dessin que l'animateur de l'éphémère groupe avant-gardiste Le Cavalier bleu a alors démontré une obstination semblable à celle d'un Schönberg décidant d'en finir avec « le travail motivique » et d'assumer toutes les composantes d'une œuvre.

Il soumit à la même autopsie Mondrian qui, après avoir observé et disséqué inlassablement la réalité, adoptait dans l'entre-deux-guerres sa grille d'organisation architecturale basée sur le principe de perpendiculaires structurant ses toiles. C'est pourtant le Mondrian précédant cette étape néoplastique rationaliste qu'il aimait, celui de l'*Arbre argenté* et de la série *Jetée et océan*. À nouveau : au bord de l'abstraction.

Paul Klee, lui, ne s'est pas dessaisi du rapport aux éléments qui l'entourent. Son style combine le plus souvent une trame, résultant de longs préliminaires, et l'éruption de figures, absorbées par le fond. Lorsque je retrouvai Pierre Boulez à Berne en 2006, peu après l'inauguration du Centre Paul-Klee conçu par Renzo Piano, il avait déjà codifié son admiration pour ce « maître », membre du Bauhaus (fondé par Walter Gropius), dans un livre passionnant paru chez Gallimard en 1989, *Le Pays fertile*, préparé par Paule Thévenin. Face aux dessins, aquarelles, huiles, gravures ou marionnettes, il me décrypta son attachement à cet univers de taille à déduire un microcosme d'une extrême richesse à partir d'éléments initiaux très simples. Il pressentit dans sa théorie sur la division de l'espace ou sur la multiplicité des perspectives une grande leçon de composition. Quelques-unes de ses gouaches en strates, qui introduisent ouvertement un motif mouvant, lui suggéraient sans équivoque un fractionnement des valeurs de son. Il se prémunit cependant d'émettre une parenté littérale, préférant souligner des proximités structurelles plus elliptiques : « Je suis touché qu'un cercle ne soit pas tout à fait un cercle, mais une approche de cercle. » Klee, en le dessinant à la main, préserve une zone d'insoumission. Le geste, dans un même mouvement, exprime la forme et la désamorce. Pour le musicien, le parallèle est établi : « Savoir créer un ordre et le démolir simultanément » le confronte à sa propre appréhension des relations qui régissent des cellules rythmiques ou mélodiques.

C'est dans l'après-guerre qu'il a dépisté ce monde polyphonique qui l'éblouit dès l'abord, au palais des Papes d'Avignon, lors de la visite d'une exposition faisant montre d'un esprit curieux par rapport au train-train des galeries parisiennes, prisonnières de l'héritage postcubiste. Sa rencontre avec Nicolas de Staël fut en revanche un peu plus tardive. Elle renvoie aux concerts du « Domaine ». Sans surprise, il s'est rapporté à sa période charnière, ni abstraite ni figurative, avec une inclination pour les peintures où les tonalités sont les plus tranchantes. En mars 1955, le coloriste assistait à un concert consacré à Schönberg. Son décès tragique, survenu juste après, empêcha Pierre Boulez de lui commander une maquette pour les pochettes iconiques des disques qu'il enregistrait chez Véga – ce qu'il fit avec Maria Helena Vieira da Silva, Raoul Ubac, Zao Wou-Ki, André Masson ou Joan Miró.

D'autres concordances pourraient illustrer son intérêt pour des démarches favorisant une superposition de lectures, avec une généalogie allant de William Turner à Alberto Giacometti ou, plus près de nous, Philip Guston, notoriété de l'abstraction américaine, qu'il a rencontré à New York. Une synthèse se profile : ses goûts allaient rarement au rigorisme le plus extrême, mais s'orientaient vers les propositions qui engageaient une bascule, quittant les bordures du figuratif pour s'approcher de l'élimination de l'objet concret. Afin de mieux qualifier ce type de « passage », il utilisait le terme de « transgression ». Il l'a fréquemment observé dans l'abandon par de Staël de toute « esthétique *a priori* ». Il l'a perçu dans le remodelage de la matière entrepris par Jean Dubuffet et André Masson qui, reprenant des techniques mises au point par les cubistes, intègrent subitement du sable à leur pâte pour l'épaissir. Comme dans le resserrement narratif conduisant Miró, doté d'un sens exceptionnel de la composition, « au-delà de la forme » et de l'ésotérisme, vers un dépouillement quasi radical.

*

Ses entretiens avec Michel Archimbaud, parus dans la collection Folio en 2016[1], dispensent une introduction stimulante à la réflexion du musicien qui s'y plaît à énoncer des rapprochements inédits. Son langage entrerait-il en écho direct avec celui de Jean Tinguely ? Bien qu'il le cite peu, il n'en est pas moins attiré par son extravagance. Un fil rouge les relie : « Penser la marge, exprimer un sujet identique en trouvant des extensions à chaque fois nouvelles. » Cette obsession nous renvoie à la notion d'éclatement, de dispersion également, et exhale une impression de poursuite effrénée d'un motif récurrent sans cesse transcrit. C'est à Bâle, en découvrant sa *Fontaine du carnaval*, que Pierre Boulez a émis l'idée d'une réalisation similaire à Paris, sur l'esplanade jouxtant l'Ircam, au chevet de l'église Saint-Merry. Les sculptures fantasques, les allusions

---

1. Pierre Boulez, *Entretiens avec Michel Archimbaud*, Gallimard, 2016.

macabres teintées d'ironie grinçante, les poupées potelées pop art de Niki de Saint Phalle : de prime abord, aucune des composantes de la *Fontaine Stravinsky* qui verra le jour en 1983 n'offrait d'affinités palpables avec les penchants du fondateur de l'Institut. À y regarder de près, il n'est pourtant pas interdit de lire dans la projection de jets d'eau en arabesque et dans la répartition des éléments sur la surface miroitante une allégorie des modes de spatialisation et de mobilité expérimentés dans nombre de ses opus. Ce refus de la détermination absolue, ainsi que le vœu de s'évader de notions trop rigides et de concevoir une réalisation qui conforte des interprétations variées sont des attributs proclamés du langage de Pierre Boulez : la perception doit impérativement s'établir sur plusieurs plans. Les œuvres qu'il affectionne entrouvrent des espaces où le regard est invité à pénétrer. Ne se livrant pas entièrement au premier regard, elles demandent un moment d'imprégnation avant d'arriver à relier la structure globale et les détails.

Pour évoquer Vieira da Silva qu'il a bien connue, il se dissimule derrière la nouvelle de Franz Kafka, *Le Terrier*, propre à renseigner un procédé qui l'a fasciné – celui du labyrinthe, doublé de l'enfouissement ou de l'émergence d'une multiplicité de lignes estompées par le blanc : « Cela m'a inspiré l'idée de camoufler des structures évidentes sous une sorte de brouillage instrumental. Ce sont ces trous, ces *blancs*, qui font que la structure devient difficilement lisible et plus légère. » Un jeu s'élabore avec le continu et le discontinu. Les traces s'éclipsent, à l'exemple de cette scène du film *Fellini Roma*, où des ouvriers travaillant au creusement du métro découvrent un tunnel recouvert de fresques qui s'effacent au fur et à mesure qu'ils s'aventurent dans la galerie. Il se sert de cette comparaison pour opérer un raccourci avec Francis Bacon, un acolyte londonien, dont les triptyques, d'un registre éloigné, dégagent toutefois cette impression de perturbation : après s'être efforcé d'aménager un espace défini, cadré au plus près, le travail obsessif du peintre et « les accidents suscités » finissent par torturer le corps, comme plié dans la texture de la toile. Cette singularité éveille un autre rapprochement, pas moins fortuit, avec la démarche du précurseur de « l'expressionnisme abstrait », Willem de Kooning, quand il renoue avec l'iconographie des portraits féminins, en usant de processus de distanciation engendrés par la superposition de fragments d'images. Le temps très long qu'il consacre à la réalisation de la figure sert à la construire et à la déconstruire.

Tous ces gestes s'inscrivent dans la mémoire. Ils rejoignent ceux du héros convulsif de l'*action painting*, Jackson Pollock, qui le rebutent au départ et dont la frénésie finit par l'envoûter. Ce sont des gestes qui effacent autant qu'ils marquent. Ressentir cette perte, c'est de surcroît partager les chemins de traverse empruntés par Pierre Boulez et dévoiler les conflits internes du créateur, obligés mais salutaires, lui permettant de maintenir la tension qui relie « le fini et l'inachevé ». À l'automne 2008, le Louvre franchit le pas : dans un écrin intimiste, son président, Henri Loyrette, et la commissaire Marcella Lista mirent en scène un parcours, jalonné de références croisées de Pierre Boulez, qui sondait cette frontière entre la genèse, l'ébauche et « le réalisé ». S'immiscer à leurs côtés dans ce musée imaginaire fut un privilège. Deux salles, rien de plus : trente-cinq objets picturaux et quinze partitions autographes. Une mine de trésors aussi bien qu'un pari sur les vertus de la confrontation entre les arts et les époques, où l'achevé peut se confondre avec le provisoire et rester ouvert à des prolongements. Un jeu d'épreuves du *Coup de dés* de

Mallarmé, annoté en rouge de la main du poète, proposait la clé métaphorique de cette exposition : des mots, disséminés à la volée, dont la typographie constitue comme une page de musique qui essaimerait autour de la ligne principale une myriade de ramilles secondaires.

La présence de compositeurs, par le truchement de leurs manuscrits, poursuivait cette quête graphologique en divulguant leur tempérament et le mécanisme de leur pensée. Des groupes d'accords, jetés en désordre sur une feuille, ont servi de brouillon et de point de départ aux rythmes fracassés du *Sacre du printemps*. L'aperçu révélait l'urgence explosive à laquelle Stravinsky fut soumis. Les thèmes étaient notés à la hâte, pêle-mêle, dans la brutalité de leur surgissement. D'une grande banalité dans leur premier jet, ils étaient ensuite repris, triturés, torturés, pour acquérir puissance et relief. L'œil expert de Pierre Boulez analyse : « Ni le rendu de *L'Oiseau de feu*, ni celui de la *Symphonie d'instruments à vent* ne témoignent d'une telle transe féconde. L'écriture y est ordonnée et précise, très ferme, très droite. » En contraste, des épures de nu féminin d'Ingres, de Picasso et de Brancusi restituaient la quête de la « bonne forme » qui les obsédait. La cristalline concision du *Concerto pour neuf instruments* de l'opus 24 d'Anton von Webern apparaissait dans sa rigoureuse simplicité, présentée en bonne compagnie, entourée de croquis réalisés par Eugène Delacroix, en préparation à sa *Bataille de Taillebourg*, et de crayonnés de Kandinsky pour la transition sur le chemin de l'abstraction que représente sa *Composition IV*. Des originaux de Béla Bartók, Edgard Varèse et György Ligeti bénéficiaient également de voisinages sensibles, ceux de Paul Klee, Joseph Beuys, en contrepoint de cette *Étude de draperie* d'Edgar Degas, où le trait de crayon si fin, si suggestif, épouse les contours d'une silhouette que l'on devine malgré l'absence. D'autres analogies étaient perceptibles, en promenant son regard d'une esquisse de Cézanne ou de Giacometti au manuscrit de la *Marche funèbre de Siegfried* de Wagner dont la griffe ronde, liée, fondue, transcrivait l'idée de mélodie infinie.

La teneur des correspondances trouvait son évidence dans la déstructuration qui s'accomplissait pas à pas sous nos yeux : les ratures, les repentirs trahissaient autant des hésitations que des prises de décision. Du fragment au tout, le déplacement était délicat à capter. L'inachèvement infuse le refus de s'enfermer dans un système ; il est une porte ouverte sur l'ailleurs. Nul besoin de laisser des preuves de son passage : « Seules les traces font rêver », dit Pierre Boulez en citant un poème de René Char. La création ne peut être qu'un état provisoire. Allusion faite à une forme qui pense : pour paraphraser Maurice Merleau-Ponty parlant de Cézanne, l'incomplétude lui était intrinsèque.

Polémiques et amitiés

La scène se déroule à deux pas du palais de l'Élysée, dans un studio de la rue François-Ier où s'enregistrait, ce vendredi 19 février 1993, l'émission *Bouillon de culture* diffusée en direct par France 2. Sujet unique à l'ordre du jour : l'inventaire de l'ère Lang à l'occasion de la sortie aux éditions du Seuil de *La Comédie de la culture*, pamphlet de Michel Schneider qui suscitait des commentaires tranchés. Ce conseiller référendaire à la Cour des comptes, collaborateur régulier de la *Revue française de psychanalyse*, auteur d'ouvrages sur Robert Schumann ou Glenn Gould, était au centre de l'arène. Au printemps 1991, il s'était désisté de son poste officiel de directeur de la musique occupé pendant trois années, après de sérieux différends avec sa tutelle, dont son opposition prononcée à la construction de la Cité de la musique n'était pas des moindres. Son livre était une charge féroce contre le gouvernement des artistes et l'État-spectacle. Sur le banc des accusés, « son » ministre dénié requérait la présence de personnalités prêtes à témoigner, au premier rang desquelles Edmonde Charles-Roux et Pierre Boulez.

L'inimaginable se produisit. Bernard Pivot, en présentateur aguerri, attendait des uns et des autres des réponses sans ambiguïté. Le face-à-face s'amorça dans une ambiance délétère. Michel Schneider, seul contre tous, tirait parti du déséquilibre en disposant d'un temps de parole élargi. Fort d'un bilan à bien des égards exceptionnel, Jack Lang remémorait ses grandes réussites et s'efforçait de contrer les attaques relatives à sa prétendue dépréciation des enjeux de l'animation culturelle. Edmonde Charles-Roux maniait la perfidie en insinuant que le délateur méprisait les artistes. Pierre Boulez, arrivé au dernier moment de Londres, fatigué mais piaffant d'impatience, vit rouge, se lança dans une sombre bataille de chiffres, incompréhensible pour le commun des mortels, et finit par franchir la ligne jaune en proférant des attaques *ad hominen* : « Il était beaucoup plus facile d'avoir un rendez-vous avec le ministre qu'avec le directeur de la musique ; lui, c'était le champion du 10-18. » Son raccourci entre la célèbre maison d'édition et les horaires de travail supposés du fonctionnaire tomba à plat. Le mal était fait. Se rendant compte du désastre, il choisit subitement de se taire et resta même silencieux quand l'Opéra Bastille déboula dans le débat. Le petit écran donna au règlement de comptes un retentissement inédit qui travestit le fond du problème.

La Comédie de la culture se voulait le jugement d'un serviteur de l'État sur ce qu'il avait observé, une réflexion singulière sur les rapports, jugés pervers, entre les artistes et les représentants du pouvoir. Tout en accentuant la dérive économique libérale, les autorités publiques auraient fait montre d'un dirigisme que n'aurait pas désavoué feu le socialisme réel. La liste des griefs est sans appel. Les subventions favoriseraient un avant-gardisme académique en lui conférant un statut officiel. Des pratiques sociales « ludiques » (pour ne pas les nommer : rock, tag et rap) seraient élevées au rang d'art sans que soit réduit l'écart entre les usages des riches et ceux des pauvres. L'éducation serait négligée au profit de coups médiatiques et d'opérations de prestige dispendieuses (de la Fête de la musique au bicentenaire de la Révolution française). Ce populisme affiché pour feindre que la gauche est encore à gauche se réclamerait d'un esprit libertaire prompt à promouvoir des succédanés entretenant un nivellement par le bas et un relativisme. L'*intelligentsia* post-68 préférerait déchoir la « culture bourgeoise » et sa hiérarchie des genres plutôt que de s'attacher à en favoriser l'accès aux exclus.

Le plaidoyer introduisait-il une pensée nouvelle ? Pas vraiment ou pas totalement. Qui, sinon Pierre Boulez – avec d'autres visées, il est vrai – mettait sans répit le doigt sur le gâchis régnant dans la sphère lyrique ou sur les dangers du « confusionnisme des valeurs » ? Ce consensus de façade masquait à grand-peine une méprise de taille. Tout à son incrimination de la démagogie en cours, Michel Schneider instillait une réorientation selon laquelle le mandat de l'État – circonscrit aux missions d'enseigner, de conserver et de réglementer – serait conduit à se recentrer sur la gestion du patrimoine et sur l'objectif de démocratisation. La création artistique deviendrait dans cette optique exclusivement affaire de liens entre le concepteur et ses récepteurs. Avec, pour résultat, que ce qui relève des aides directes aux artistes, reconnus ou en début de carrière, ne dépendrait plus que des collectivités locales ou de la société civile, mieux à même de garantir une pluralité de besoins et de désirs.

Dit ainsi, le gouffre se creuse. Si Pierre Boulez fustigeait régulièrement l'usage malencontreux des fonds publics et le déficit de rigueur professionnelle, il approuvait en revanche l'approche transversale de Jack Lang et l'élan salutaire provoqué par ses initiatives tout terrain. Il n'acceptait pas les présupposés d'un réquisitoire prônant de découpler la création des enjeux collectifs. Par des chemins de traverse, la harangue lui paraissait rejoindre les thèses mortifères de Marc Fumaroli (*L'État culturel*) ou d'Alain Finkielkraut (*La Défaite de la pensée*) décriant les dérives d'une société coupable de négliger « l'esprit français ».

Ce clivage de fond allait nourrir une guerre longtemps sourde mais d'une rare violence. Représentant de l'autorité, Michel Schneider adressera des courriers comminatoires au « futur utilisateur de la Cité de la musique » brocardant sa lubie d'y inscrire un musée « ouvert » qui dépasserait la simple monstration des instruments, pour mieux banaliser son rôle de fédérateur et réduire les budgets alloués. Il va de soi que Pierre Boulez n'avait rien à lui envier, dénonçant crûment cette obstruction, publiquement même, et exigeant des arbitrages qu'il finira par obtenir, au point de soumettre le directeur à la démission.

Resterait à comprendre ce final télévisé qui intervint près de deux ans après les échauffourées. Aucune explication ne tient vraiment. Que dire ? Rien. Sinon souligner une évidence : la dureté des affrontements est toujours corrélée à une forme d'aveuglement. Par manque de recul, ce qui aurait pu n'être qu'une tension passagère appelant la recherche d'un compromis se meut inexorablement en un conflit ingérable. À la lucidité que réclame la mise en œuvre d'un projet d'intérêt général se substitue une acrimonie personnelle que le temps cristallise. Plus rien ne compte alors que de lever l'obstacle que vous n'avez pas assez tôt vu se dresser. Il n'est d'alternative à l'arrivée que d'assumer l'image transmise : pour l'opinion publique, elle n'était ce soir-là pas celle de l'artiste magnanime, animé par un désir extrême de partage, mais esquissait les traits d'un être habité par une rancœur incontrôlée se commuant en une subite perte de sang-froid.

J'ai vécu ce dérapage sur ce plateau où il n'aurait pas fallu accepter de se rendre. Le faux pas était inscrit dans la logique des choses. Celle d'un combat tourmenté pour l'avènement d'un nouveau modèle artistique virant au mauvais rêve. Il n'y eut ni avant ni après entre nous. Nous ne sommes jamais revenus sur l'incident. Ni sur l'ampleur de la violence enfouie qu'il mettait à nu. Ni sur la douleur ressentie d'avoir momentanément failli.

*

Rien n'est univoque. Les emportements, les excès, les signes passagers de rigidité ont leur contrepartie ô combien salvatrice. S'il est un trait marquant de la personnalité de Pierre Boulez, une valeur altruiste qu'il porte en lui, à l'excès diront certains, c'est bien la fidélité. D'abord, la fidélité à ses engagements qui l'a incité à fréquenter les studios de l'Ircam au-delà de son directorat, profitant souvent de sa venue pour encourager ses confrères compositeurs. Ce soutien discret, qui ne relevait pas d'un esprit de clan mais de solidarité, trahissait une fierté secrète, celle de passer le témoin à une génération montante qui tentait à son tour de se remettre en question. Sa ferveur l'a poussé également à assurer tardivement une présence auprès des musiciens de l'Intercontemporain et à s'impliquer dans des concerts énergivores l'obligeant à étudier de nouvelles partitions, quand les plus prestigieux organismes classiques lui faisaient les yeux doux et l'accueillaient avec un faste qu'il appréciait, tout en s'efforçant de le tenir à distance. Autre preuve de ce ressourcement vital : il n'a pas manqué une occasion de donner la priorité aux échanges avec la jeunesse. Il a ainsi dirigé le West-Eastern Divan Orchestra fondé par Daniel Barenboïm avec Edward Saïd et s'est surtout investi dans l'Académie de

Lucerne dès 2004. Son propos était ambitieux : des talents naissants s'initiaient aux secrets du métier de chef d'orchestre ; d'autres finalisaient des compositions aux effectifs variés ; ces œuvres, travaillées par des stagiaires instrumentistes, étaient ensuite jouées en concert. Pierre Boulez accepta, sans égard pour le temps qui passe, de voler chaque été plusieurs semaines à un calendrier surchargé pour accomplir – avec plaisir – sa mission. C'est sans doute en raison de ce devoir de passeur qu'à l'âge de quatre-vingt-huit ans, malgré une fatigue visible, il donna au Collège de France la réplique au professeur Antoine Compagnon, empli de bienveillance à son égard, lors d'une rencontre hésitante vouée à Marcel Proust. Pendant des années, il y avait occupé une chaire lui garantissant l'enseignement le plus libre qu'on puisse imaginer et l'autorisant à rendre compte de ses travaux, lors d'une série de conférences et d'ateliers. Il se sentait redevable.

S'il a la réputation justifiée d'être un compagnon de route exemplaire, son dévouement y est pour beaucoup. Il me revient en mémoire sa confraternité avec Pina Bausch, en 1998, lors de la production aixoise du *Château de Barbe-Bleue* de Béla Bartók. À la tête de l'Orchestre des jeunes Gustav-Mahler, Pierre Boulez était ovationné. Impassible, il maîtrisait cette déchirante déliquescence des pulsions humaines en alliant froideur et transparence calculées, mais aussi tendresse à l'égard des deux chanteurs, le Hongrois László Polgár et la Lituanienne Violeta Urmana qui semblait animée d'une force occulte indestructible. Auprès d'eux, des danseurs scandant la perversité des codes de séduction hystérisaient la lutte sanguinaire qui engloutira les deux amants.

Ce jeu de miroirs parut déranger un public lyrique en perte de repères. La dame de Wuppertal fut injustement chahutée.

Débuta alors une longue et touchante scène sacralisant l'union des deux artistes face aux frondeurs, l'une repliée sur elle-même, l'autre qui la protégeait et dont on imagine les mots qu'il lui susurrait : « Tenez bon. J'ai aimé travailler avec vous. Nous devons aller au bout de notre démarche. Ne vous laissez pas démonter. Ne leur procurez pas ce plaisir. » Pina, elle, en était attendrie : « Je souriais parce que Pierre Boulez, en me prenant la main si fermement, me communiquait son énergie. Je souriais parce qu'il est un homme merveilleux. Quand il y a des huées, on ne baisse pas la tête[1]. » Pendant tout le festival, il l'escorta dans cette épreuve, en ami silencieux. Sa parole, il la réserva aux chroniqueurs circonspects : à chaque interview, il n'eut de cesse de remercier la chorégraphe, de lui exprimer son soutien, avec une élégance forçant le respect.

Pour un cercle plus étroit qui désigne sa « famille » d'adoption, les relations dépassent une simple attirance esthétique. Nous entrons ici dans le territoire de l'intimité, où il n'est pas besoin de mots pour se comprendre. L'amitié se construit dans la durée et l'adversité, sur des rapports loyaux et délicats, à l'exemple des liens tissés avec Patrice Chéreau, le seul metteur en scène auquel il manifesta constamment son envie de collaborer : « Il avait une manière tellement concentrée d'être, que cela touchait quelque chose de très profond chez moi. » De son côté, Daniel Barenboïm, côtoyant assidûment Pierre Boulez depuis ses vingt-deux ans, a souvent revendiqué son legs : « C'est quelqu'un d'éthique, en tant que musicien et surtout en tant que personne ; il est un exemple pour moi, autant dans la culture que par son engagement dans la société. »

---

1. « Pina Bausch, metteur en scène du "Château de Barbe-Bleue" à Aix-en-Provence », propos recueillis par Dominique Frétard, *Le Monde,* 28 juillet 1998.

Le virtuose israélo-argentin, installé en majesté dans la capitale allemande, s'en remettra à Frank Gehry pour concevoir, au sein de sa fondation, un auditorium au design novateur. L'architecte partageait son admiration pour leur complice français qu'il avait rencontré à New York, à l'époque des *rug concerts* : « Une expérience incroyable ! Je savais qu'un chef ne se contentait pas d'agiter les mains. Mais certaines indications soulignées par sa direction m'intéressaient pour mon travail. Il y avait une précision et une passion inimaginables. » Un jour de 2014, ces deux protagonistes du projet scénographique berlinois empruntant beaucoup aux préceptes de leur guide commun très affaibli firent spécialement le voyage à Baden-Baden, devenu son port d'attache, pour lui offrir la maquette de la salle qui portera son nom.

À titre personnel, je garde en souvenir son soixante-dixième anniversaire. Radio France convoitait de lui rendre hommage une journée entière en lui consacrant, de l'aube à minuit, l'intégralité des programmes de France Musique. Unique contrainte : il était attendu en direct dans un studio de la Maison ronde, avec les invités de son choix. Il hésita et demanda que les émissions soient organisées par mes soins, conditionnant sa venue à ma présence en continu. Je déclinai prudemment la proposition, ne souhaitant pas me substituer aux producteurs qui, à juste titre, auraient vu d'un mauvais œil l'arrivée d'un intrus. Il parvint finalement à me convaincre : « Il nous suffira de laisser aux journalistes une plage à l'heure du déjeuner. » Je posai comme seule condition d'être secondé par mon ami, le philosophe Peter Szendy, qui m'aiderait à structurer le parcours.

Le dimanche 26 mars 1995, nous nous retrouvâmes devant les micros, aux aurores, pour une séquence d'ouverture avec

Armand Gatti. Je découvris la cocasserie de ce turbulent cama-
rade de cordée de l'après-guerre, attitré des salons de Suzanne
Tézenas, la mécène de leur passé fougueux. Il fit revivre
l'époque où il participa à la venue à Paris des Américains John
Cage, Morton Feldman et Merce Cunningham. Tout en verve,
l'homme de théâtre séduisit son complice assagi et remué par
ces retrouvailles. En fin de matinée, nous dialoguâmes avec
l'universitaire Jésus Aguila sur les concerts du Domaine musical
qui révélèrent « les dons d'organisation du jeune compositeur et
théoricien, polémiste déjà stratège, chef novice et pédagogue ».
L'intéressé acquiesça, bon enfant. L'après-midi, les réjouissances
s'enchaînèrent avec grâce et obligeance, sous l'aile protectrice
d'Yves Bonnefoy qui se joignit à nous. La conversation dériva
vers Joyce et son *Ulysse*. Le poète marqua prudemment son
scepticisme sur ce grand roman de la mémoire et de l'identité
instable, préférant déclarer un autre amour. Une réflexion sur le
Verbe, ce qu'il est, ce qu'il devrait être, en référence à Mallarmé
défendant sa suprématie avec une jalouse intransigeance : « La
Poésie, proche de l'idée, est Musique par excellence, ne consent
pas d'infériorité. » Le créateur de *Pli selon pli* agréa mais osa
un pas de côté en soulignant que son formalisme, poussé à
l'extrême, n'était pas exempt de préciosité. Changement de
décor avec la venue de Gerard Mortier, directeur du festival de
Salzbourg. Il y fut (très peu) question d'opéra et (beaucoup) du
conservatisme du milieu à l'encontre des répertoires modernes.
Le tour de table était cette fois à l'unisson pour exiger un
soutien plus fort de la création. Quel stratagème mettre en
œuvre ? Le maître de céans, en pragmatique inventeur d'institutions, donna le ton : « Rien n'est acquis. Il appartient aux
responsables de se saisir des circonstances pour repenser une
structure, son orientation et ses modalités. À la limite, il ne

peut exister que des compromis mouvants. » Il fut alors temps d'accueillir Michel Serres pour clore ce long cortège. La conversation se polarisa sur la problématique morale des progrès techniques et de leurs effets. Le philosophe se hasarda à établir des liens, lancer des ponts, entremêler les savoirs scientifiques et littéraires pour réconcilier deux cultures qui, pour lui, n'en faisaient qu'une. Il était près de minuit. Le dernier mot à Pierre Boulez ou plutôt à sa musique, avec la diffusion d'un extrait de *Mémoriale*, bref adieu élégiaque au flûtiste Lawrence Beauregard, écrit en 1985.

Nous sommes sortis de Radio France fatigués, mais soulagés de la qualité des dialogues avec les intervenants de marque. Je raccompagnai Pierre. Nous avons traversé le pont Mirabeau. Au moment de le quitter, au pied de sa tour, je le sentis ému : « Laurent, vous m'avez fait un cadeau inestimable. Sans vous, je n'aurais pas accepté cette invitation. J'avais besoin de me sentir en confiance. Il n'est jamais facile de voir défiler toute sa vie. »

Notre temps

À première vue, tout détache le fondateur de l'Ircam des doutes et aspirations actuels. Certes, les décennies d'après-guerre, sur fond de mondialisation rampante, avaient déjà choisi de sauter dans l'inconnu, notamment au plan des novations informatiques dont témoignent les moyens mobilisés pour composer *Répons*. Certes, chemin faisant, le militantisme en faveur de l'accès des plus démunis à la culture s'essoufflait et cédait peu à peu la place à une rhétorique s'appliquant à distinguer les publics « empêchés » des couches dites moyennes, invisibilisées. Mais l'heure était encore à l'optimisme, à la virtuosité affichée et dominée, à la conviction partagée que la société allait vers le mieux.

Au tournant du XXIe siècle, l'humanité semble de nouveau sombrer dans la dépression. Les mutations économiques, sociales, environnementales et technologiques se déchaînent avec une intensité rarement vue, sans logique apparente. Balayant tout sur leur passage, elles contribuent à un engourdissement des esprits qui accentue notre aveuglement. Depuis la sortie de l'ère soviétique, un capitalisme globalisé déplace le curseur vers des pays industrialisés asiatiques et met à l'épreuve les politiques keynésiennes à visée correctrice. La restructuration continue des économies, qu'elle réponde à des exhortations autoritaires ou antiprotectionnistes, tend non seulement à précariser le travail, mais aussi, sous la poussée des « géants du net », à contraindre la pensée en normant l'éducation et la production culturelle. Les convulsions s'emballent sous l'effet conjugué d'un raidissement des antagonismes entre les blocs-empires, de l'essor des régimes totalitaires et du décuplement des instabilités qui en découle. La démocratie se compromet sur tous les continents, affaiblie par l'hypertrophie des égoïsmes et la décrue des solidarités. Le paradoxe n'a jamais été aussi criant : après avoir permis une avancée de la réflexion et favorisé des croisements entre les champs du savoir, le progrès échappe à son emploi maîtrisé. Cette dérive amplifie la profusion des conflits armés, l'ébranlement écologique et un sentiment irrépressible d'injustice.

Il devient urgent de poser la question : la notion de domaine public, qui a nourri la trajectoire de la galaxie Pierre Boulez, est-elle toujours opérante ? Au sens où la philosophe Hannah Arendt les définit dans son essai *La Crise de la culture*[1], art et politique sont censés « s'entre-appartenir » ; ils sont les « deux phénomènes de la vie active » qui régissent ensemble un « espace publiquement organisé ». L'essentiel de nos constructions sociales se réfère à cet énoncé. Pour autant, c'est son antithèse qui s'expose sous nos yeux impuissants. Un nombre croissant de relais, parmi les lobbies, les leaders d'opinion ou les élus, ne se reconnaissent plus dans cette osmose généreuse. Insensiblement, ils se détournent du bien commun qu'ils ont la charge d'édifier et sans lequel ne saurait s'instaurer aucun

---

1. Hannah Arendt, *La Crise de la culture*, Gallimard, 1972.

contre-feu, ni au néolibéralisme ni aux nationalismes ambiants. Trop de discours électoralistes, flirtant constamment avec le nihilisme, ont perdu le fil de l'intérêt général et donné l'impression de se repaître, par opportunisme, de tout ce que les sujets d'actualité charrient de vraies ou fausses prophéties.

Cette dilution progressive des repères n'est pas sans impacter le court terme. L'autorité centrale, anémiée par l'épuisement confirmé de son leadership, ne sert plus vraiment de boussole. Ses liens avec les agents – les représentants de la nation, la société civile et les acteurs culturels – sont jour après jour révisés. Jusqu'ici, un héritage identifié s'est déployé, à partir d'une concorde largement fondée sur la dynamique du couple « patrimoine » et « création ». Ce n'est plus vraiment le cas. En apesanteur, les gouvernements successifs ne parviennent pas à fixer un cap qui protège nos acquis. Les critères de répartition des financements s'opacifient. Après une longue pause, d'appréciables subsides au spectacle vivant sont annoncés en pleine crise sanitaire, mais ils ne sont malheureusement complétés d'aucun plan de relance ou perspective de réformes à entreprendre. Un coup d'épée dans l'eau. Nulle priorité n'est lisible, excepté la tendance continue au transfert de compétence vers le secteur marchand. Par degrés, les industries dites « créatives » sont placées sous la coupe d'appels à projets à la mise en œuvre imprécise sinon obscure. Les allocataires ne sont pas identifiés, ni les effets sur notre économie. Autre exemple emblématique d'une forme de soumission aux lois de la demande : le pass Culture mis en œuvre récemment. Confortant l'idée que l'offre existante est trop coûteuse et inadaptée, il se propose de soutenir les attentes des adolescents en assujettissant l'engagement public aux choix personnels des bénéficiaires dont il prétend par ailleurs changer en profondeur les habitudes. Alors qu'il peine à toucher les jeunes défavorisés et que, selon les premiers bilans, son usage serait davantage consumériste qu'éducatif, ce dispositif, dont l'efficacité n'a pas été évaluée, est maintenu à hauteur de deux cent soixante millions d'euros en 2024, soit près de trois fois l'aide annuelle de l'État pour l'éducation artistique et le tiers de son soutien au spectacle vivant. Le constat n'est pas neutre : aux côtés du lancement de la Cité internationale de la langue française à Villers-Cotterêts, l'initiative constitue le marqueur majeur, bien équivoque, de deux quinquennats présidentiels empêtrés dans des modes de fonctionnement fortement cloisonnés. La tendance amorcée de longue date se confirme : tout remonterait à l'Élysée, sans que les procédures de prise de décision soient explicitées.

Le climat de défiance n'épargne personne, et les agissements du monde de l'art sont également sur la sellette. Une petite musique monte, qui interroge son appétence à concilier l'expérimental et le populaire, mais aussi à poursuivre l'idéal fédérateur du service public, quitte à l'adapter aux aléas de l'actualité et à l'alternance des majorités. La méfiance prend incidemment appui sur une succession d'enquêtes médiatiques s'attelant à démasquer les comportements discriminatoires de personnalités en vue. Autant de dérapages qui, en accroissant le trouble vis-à-vis d'un milieu supposément porté vers la tolérance et l'ouverture aux autres, vont jusqu'à discréditer des modes de vie jugés endogamiques, déconnectés des états d'âme d'une partie des citoyens. La généralisation du reproche, pour commode qu'elle soit, n'en est pas moins sujette à caution, surtout lorsqu'elle vise à déprécier l'ensemble d'une profession qui reste fièrement attachée à préserver la cohésion sociale – avec un succès certes limité –, tandis que les instances en charge de l'éducation et de la santé ont largement failli. Nul doute que des errements individuels n'aient attisé les tensions, mais ils n'ont fait qu'emboîter fâcheusement le pas à des dérèglements systémiques d'ordres divers attestant que la culture – du moins la culture subventionnée – n'est plus une priorité. Nous serions même passés du sentiment que la politique pouvait tout à celui où elle ne pourrait plus rien.

Méfions-nous en conséquence d'un excès de rigorisme dans notre réquisitoire : à trop exalter l'énoncé des griefs, nous risquerions de fragmenter davantage le paysage au lieu de l'accorder. Montrons-nous au contraire confiants en notre faculté à nous régénérer. S'il est une leçon à retenir de la combativité de Pierre Boulez, elle tient en quelques tournures chocs qui résument son credo : l'État n'est pas une entité désincarnée ; nous sommes en capacité d'orienter ses arbitrages ; il nous appartient d'agir. En somme, pour affronter notre propre devenir, il nous faut en premier lieu nous convaincre que les crises sont un terreau d'innovation. Elles nous enjoignent non seulement de les résoudre mais servent parfois de levier de changement. Dans le prolongement de l'hypothèse formulée par Hannah Arendt, il est à noter que les séquences esthétiques les plus stimulantes du XXe siècle ont été accolées aux deux cataclysmes mondiaux : avant la Grande Guerre et après 1945. Plus près de nous, le sort des pays de l'Est semblait immuablement bloqué quand l'inconcevable éclata avec la chute du mur de Berlin. La situation est transposable au champ de la création : alors que l'horizon paraît bouché, il n'est pas rare que les germes d'une mue qui tait encore son nom soient déjà posés. Sans trop savoir pourquoi, incidemment, un souffle se lève.

*

Dans cette course à l'abîme, comment faire entendre une voix heureuse ? La fonction principale de l'art est de mobiliser l'imaginaire collectif en livrant un regard singulier et sensible. Susciter ou inventer des géographies non révélées n'est pas uniquement un droit, c'est un devoir. J'ai eu le bonheur, à plusieurs reprises, d'accompagner le fondateur de l'Ircam dans la gestation de réalisations qui m'ont transporté dans un « au-delà des choses ». J'en ai acquis la certitude de notre besoin intrinsèque de découvertes, tous genres confondus. Les artistes, à travers leurs récits et leur vision, ouvrent des horizons qui peuvent transformer nos vies. Ils ont la conscience diffuse de s'inscrire dans une continuité, certes non linéaire, et d'embrasser des desseins qui les dépassent. La société peine pourtant à reconnaître leur appréhension inédite du monde et sa vertu d'élever la conscience des humains. Le malentendu nous renvoie évidemment au brouillage entretenu par l'abolition plus ou moins volontaire de nombreuses hiérarchies, à un rythme échevelé. Là où les uns ne verront que confusion et régression, d'autres percevront une opportunité. La sortie de l'ethnocentrisme occidental, en aiguisant une pluralité d'optiques, nous invite ainsi à mieux prendre conscience de la richesse et de la complexité qui nous submergent. Le plasticien s'est métamorphosé en peintre, vidéaste, sculpteur, concepteur d'événements éphémères ; il travaille des matériaux hétéroclites, jusqu'à son propre corps. Le compositeur passe de l'écriture symphonique à l'électronique, d'une commande d'opéra à une installation sonore. Le statut de l'œuvre est remis en cause par le marché, les usages collaboratifs et, parfois, les créateurs eux-mêmes.

Saluons à certains égards ce livre ouvert. Mais ne soyons pas étonnés que l'intervention publique, qu'elle vienne de l'échelon central ou des collectivités, ne suffise pas à légitimer telle ou telle stipulation. Et que la subversion permanente des disciplines artistiques, corrélée avec la place aujourd'hui dominante occupée par les industries culturelles, soit source de déphasages, voire de replis progressifs. Le penchant de plus en plus prononcé pour la réévaluation de signatures à la tonalité divertissante et consensuelle est à ce titre manifeste. Il révèle occasionnellement un désir salvateur de réhabiliter des styles jusqu'alors indûment dépréciés ou jugés mineurs. De façon sous-jacente et moins enviable, il souligne aussi l'apparition d'une nouvelle culture de masse transmise par des plateformes numériques peu régulées. Ce dévoiement mercantile réussit à capter et à aiguiller les impulsions du corps social, plus délicates à cerner que nous ne l'avions longtemps supposé. Un trait commun s'en dégage : un peu partout, l'expression se relâche, perd de son urgence et de sa vitalité, sinon de sa radicalité. Tout se passe comme si, d'évidence, à une effervescence chaotique mais fructueuse, épaulée par l'État, devait succéder un retour à des modes normées, doublé d'un détachement décomplexé des valeurs héritées. Soudain, en réaction contre les excès antérieurs de recherche formelle, ce modèle de substitution se déclarerait vecteur de réconciliation. Au risque de voir ce reflux motiver lui-même une future riposte…

En dépit de ce désordre apparent, sans doute transitoire et moins univoque qu'il y paraît, ne nous trompons pas de cible. Le sujet n'est pas de reproduire mécaniquement les modes d'action de ceux qui, après les traumatismes de la Seconde Guerre mondiale, ont souhaité récuser l'académisme et certaines conventions. Encore moins de glorifier un bon vieux temps supposé, face à notre actualité qui serait sans réserve marquée par le dépérissement. Les expectatives de toute époque demandent à être contestées, y compris les approches disruptives qui ont monopolisé l'attention de nos prédécesseurs. Chaque débordement qui perturbe les codes apporte une brutalité salutaire. Il y a peu, le monde n'était assurément pas meilleur. Nos aînés ont simplement bénéficié d'un horizon plus ouvert, où coexistaient un désir partagé de repeupler le désert et la volonté de ne pas revenir en arrière.

Roland Barthes ne dit rien d'autre lorsqu'il nous propose d'appréhender cette maïeutique à travers les discordances de l'histoire. Dans un texte paru en 1982 dans *Le Nouvel Observateur*, Michel Foucault renchérit en soulignant, au sujet de Pierre Boulez, combien sa recherche de perpétuels va-et-vient entre le passé et le présent est animée par un besoin de « rompre les règles dans l'acte même qui les fait jouer ». Son postulat nous incite à penser notre pratique au plus près de ses nécessités internes, mais sans nous plier à aucune d'elles. Notre avenir dépend de cette résolution liminaire : la quête, ou plutôt la reconquête d'une éthique – esthétique et morale.

*

Comment le monde de la culture peut-il retrouver un nouveau souffle ? Toute personne coutumière du spectacle vivant, qui focaliserait son regard sur les lieux consacrés et les rendez-vous événementiels, ne se sentirait sûrement pas concernée par le débat : les carrières planétaires s'y déploient, les salles sont souvent pleines, les festivals prennent le relais chaque été. La liste des louanges serait trop longue à énumérer. Elle masque cependant une réalité qu'il serait funeste d'ignorer : à l'autre bout de la chaîne, maints orchestres, maintes maisons d'opéra ou compagnies sont à bout de souffle. L'usure est structurelle. Pas un modèle de développement ne s'est véritablement substitué à celui mis en marche dans la seconde moitié du siècle dernier. Un climat anémiant s'est installé, entre élan sporadique et essoufflement.

Cet entre-deux édicte un dilemme cornélien : résister ou se réformer. Une certaine attirance du microcosme pour l'auto-satisfaction et la dénégation produit des postures, difficiles à décrypter, qui ne le poussent pas à l'introspection. Soumises à la peur du vide, les institutions sont régulièrement mises sur la sellette, non pour exiger d'elles une quelconque modernisation, mais plutôt pour refouler leurs utopies fondatrices, dépeintes comme des rêves de grandeur hégémonique. Ce désaveu paralyse l'action des responsables culturels dont les intuitions bâtisseuses ne trouvent plus preneurs et qui ont, en prime, à répondre d'accusations de laxisme. Les reproches viennent de tous côtés. Nous aurions renoncé à établir l'équilibre, dans un cadre révisé, entre la production des œuvres jugée trop onéreuse et leur diffusion trop limitée, à étalonner les impératifs d'édu-cation artistique ou à mieux accoupler les inscriptions locales et internationales. Sans évoquer la passivité face à la rupture anthropologique et juridique sans précédent que représente le jaillissement, à ce jour impensé, de l'intelligence artificielle.

Mais suffit-il d'accroître mécaniquement l'offre pour enclen-cher un processus de démocratisation ? De même, le slogan de la médiation, tel qu'il est souvent brandi, figure-t-il l'intérêt général ? Encore faudrait-il veiller à ce que les expériences de proximité s'écrivent dans la durée et ne s'épanouissent pas à l'encontre des missions artistiques qui devraient les traverser. Comment mieux jauger les contenus ? Se nourrir de la diver-sité ? Privilégier les projets innovants ? Les brasser dans un bouillonnement qui leur donne sens ? Inclure aussi bien les institutions que les marges, le public et le privé ? Expérimenter avec pertinence l'univers virtuel ? « Mal nommer les choses ajoute au malheur du monde », disait Albert Camus.

À dire vrai, chaque conjoncture engendre ses propres urgences. Il n'est qu'à questionner deux thèmes récurrents, invariablement à l'ordre du jour – celui du couple « production-diffusion » et celui de la transmission –, pour vérifier que les besoins se sont inversés. Lorsque Pierre Boulez s'est échiné à aménager l'existant et, surtout, à inventer des structures en mesure de remodeler le panorama, il visait alors à amorcer une indispensable mise à niveau. Sans cette conversion qualitative, patente dans la capitale, l'émergence concomitante, sous l'égide de Marcel Landowski, d'un réseau régional s'apparenterait plus à du rafistolage qu'à une réelle entreprise de développement territorial. *A contrario*, dans le même temps, le théâtre s'est attaché à parer des villes moyennes d'espaces et de scènes dites nationales assortis à sa pratique. Rien de tel en musique. Excepté Dijon, Lyon, Lille, Montpellier, Bordeaux ou Grenoble, les salles ne sont pas adaptées aux contraintes du genre. Alors qu'à la faveur du recours à l'intermittence différentes formations de haut niveau ont éclos ces quarante dernières années, elles ont péniblement accès à des publics qui leur tendent les bras, faute d'outils de dissémination appropriés. Nous payons une absence d'anticipation qui pénalise leur rayonnement.

La France croit avoir protégé la culture depuis André Malraux, poussant sa superbe jusqu'à revendiquer une forme d'exemplarité. C'est à la fois vrai et inexact. Si le maillage s'est quelque peu fortifié, il ne concurrence toujours pas l'Allemagne – tant s'en faut – ni ne surpasse le Benelux ou les contrées nordiques. L'urgence serait de mettre en adéquation le tissu de propagation avec les forces de création. Pas n'importe où ni n'importe comment, mais à l'échelle qui convient, là où transparaît déjà un enracinement renforcé par le concours de spectateurs en cours de fidélisation. La Source vive à Évian, sous le patronage éclairé de la mécène Aline Foriel-Destezet, ou le paradis lyrique rêvé par William Christie à Thiré montrent la voie à qui ambitionne de coaliser des énergies autour d'une volonté durable d'ancrage. Il ne s'agit plus d'imaginer la duplication de grands auditoriums qui ne fédéreraient que partiellement les crédits requis et parfois les audiences, mais de planifier une constellation de lieux intermédiaires respectueux de l'environnement, susceptibles d'associer dans leur conception l'État, les collectivités et les partenaires privés. Leur seule similarité serait la revendication d'une qualité acoustique qui fait tant défaut aux équipements dans la plupart des communes.

Un renversement de tendance semblable s'est opéré en matière de démocratisation. Pierre Boulez s'est préoccupé toute sa vie du futur de son art, dans le but proclamé de donner jour à une relève émérite. Il s'est conjointement enquis de son accessibilité, en se contentant toutefois de dénoncer la faillite de l'enseignement général. Désormais, la greffe spécialisée a pris : conservatoires et académies offrent un cadre plus efficient pour former les musiciens, ce qui rend, en creux, plus manifestes les retards accumulés par l'action culturelle. En observant la conduite des institutions de spectacle vivant, s'il est aisé de repérer leurs logiques de programmation artistique, en revanche, ce qui découle des usages de transmission, soumis à une fuite en avant désordonnée, ressemble plus à un inventaire à la Prévert qu'à un prototype qui chercherait à expérimenter des voies audacieuses. Cette impression d'émiettement pousse à invectiver les organisations, afin qu'elles affermissent leurs cohérences internes et imaginent des initiatives de partage mieux ciblées, dérivées de leurs options centrales de production, qui placent au centre du jeu la relation avec la prime enfance.

*

La légende vagabonde incarnée par nos aînés appelle à ne pas nous laisser envahir par un désamour des politiques publiques, aux effets dévastateurs. Les conquêtes culturelles ont toujours été affectées par des aléas qu'il serait superflu d'exacerber. Comme en toute chose, la juste position consiste à retenir de notre passé ce qui servira à l'élaboration d'un projet rassembleur : récapituler, tout en regardant, ensemble, vers l'avant afin de susciter un élan fédérateur.

Face à la déstructuration graduelle des sphères de l'activité qui se joue sous nos yeux, montrons-nous par volonté optimistes en augurant que, par un hypothétique retournement, nous en soyons arrivés à un seuil où les effervescences jusque-là dispersées parviendraient enfin à se mettre en ordre de bataille. Au moment où nous nous apprêtons à célébrer le centième anniversaire de la naissance de Pierre Boulez, gageons qu'une rentrée en grâce de son message de générosité et d'exigence nous aiderait à provoquer un surcroît de confiance. La sagesse nous impose d'agir en complicité lucide et critique avec notre inspirateur, notamment dans la manière de nous emparer d'un contexte et de gérer les rapports de force. En suivant sa recommandation : sans mimétisme.

Il n'est en effet pas assuré que notre époque déboussolée adhérerait point par point à sa quête constante de dépassement. Sous couvert d'une dénonciation de la « massification » que le philosophe Theodor W. Adorno avait avant lui théorisée, la pensée structurée et critique du « musicien de l'intellect » a sans doute pris au passage le risque de méconnaître certains langages d'essence populaire. La nature de son échappée vers les univers non européens dénote une équivoque qui mérite d'être questionnée. Dès 1945, l'apprenti explorateur se rendait au musée Guimet où il vécut la découverte des civilisations de Chine, du Japon, d'Inde ou de Bali comme une « bénédiction » permettant de se délivrer d'une certaine suprématie occidentale. Il envisageait de partir en tant qu'ethnographe en Indochine avant que la guerre annule son projet. Il a ensuite entretenu, de 1954 à 1970, une correspondance avec André Schaeffner qui lui faisait régulièrement écouter des musiques subsahariennes. L'anthropologue complice lui a obligeamment reproché des déclarations peu flatteuses à l'égard d'un jazz que Pierre Boulez jugeait teinté d'éléments préfabriqués : « Il y a toujours un cadre à l'improvisation et j'avoue que je préfère celui de la musique indienne que je trouve beaucoup plus riche. » L'origine de la méprise nous est familière : c'est le compositeur qui parle, celui qui recrée en excluant toute transposition trop littérale. S'il s'exprime à l'opposé du métissage en vogue induit par la *world music* et milite pour la nécessité de se nourrir d'influences plus organiques, c'est qu'il se méfie des limites de la spontanéité et des emprunts. Ses réserves ne valent cependant pas mépris ou condescendance. Ainsi concédera-t-il en plein remue-ménage des années 1970 que « le free-jazz avait réussi à sortir des sentiers battus harmoniques et rythmiques ». Il se montrera également intrigué par l'aspiration de Frank Zappa, l'icône du rock expérimental, à s'évader de son domaine initial d'expression.

Au fond, n'est-ce pas la destinée des approches globalisantes que d'entrer, à un moment ou à un autre, en discorde avec leur propre discours ? L'essentiel est ailleurs : même si le présent refoule l'idée du progrès et que « l'élitisme pour tous » prôné par le metteur en scène Antoine Vitez dans le programme de sa saison 1982-1983 du théâtre national de Chaillot ne fait plus recette, les fondements de la démarche de Pierre Boulez conservent leur pertinence. Ils établissent une dialectique féconde entre la soif de reconnaissance individuelle et l'accomplissement collectif. Chaque génération est appelée à se découvrir, à définir ses repères et à imaginer de nouveaux commencements. Il en est la démonstration : les artistes éprouvent le besoin de se situer par rapport à l'histoire, au mouvement qui l'a produite, et d'en déduire des perspectives auxquelles ils escomptent prendre part.

Afin de caractériser ses procédés d'écriture musicale, le penseur-pédagogue, qui a le sens des formules, a souvent eu recours à la représentation d'une architecture solide, mais capable de s'adapter à des remaniements successifs. Le *work in progress* n'est pas une impuissance à agir ; il recèle une mine de possibilités. Parfois, une seule décision bascule le destin entier d'une œuvre. Dans la conjoncture actuelle, au nom de la gémellité encensée par Hannah Arendt, la leçon mériterait d'être étendue aux territoires de la réflexion et de l'action politiques qui donnent le sentiment de se figer, de ne plus se nourrir d'apports extérieurs et de remises en question. « Penser la culture aujourd'hui », pour s'inspirer d'un des écrits de jeunesse de Pierre Boulez, c'est favoriser une multiplicité de croisements, la rendre mobile, la déplacer et la confronter au monde à l'effet de l'animer d'une lumière neuve.

« Le créateur est un être qui se traque pour échapper au connu qui rassure. » Son tâtonnement est soumis à des engagements envers lui-même qui passent avant tout autre : refuser de s'enfermer dans le confort d'une pensée rigide et programmée ;

se déprendre de soi-même en remettant en question ses certitudes et son savoir. Sans craindre de transgresser les valeurs dominantes pour les déplacer dans des expérimentations où le plaisir rejoint le souci de vérité. Cet aplomb, ou plutôt ce surplomb, assigne d'emblée les vertus – même inconfortables – de la marge, la périphérie, et sollicite une vision qui renonce à s'inscrire dans un flux déjà programmé, mais s'adonne au contraire à la fragmentation. N'obéissant à aucune loi intangible, ce qui se joue s'attache à introduire de la discontinuité et à assumer le surgissement du hasard. L'effacement de la notion de totalité instille dès lors une nouvelle configuration temporelle, plus tonique, qui prend en compte une multiplicité de perceptions et qui, en mettant en valeur des synchronies ou des décalages entre des champs épistémologiques différents, ébranle nos préjugés.

Il n'existe pas de réalité toute faite qu'il conviendrait de reproduire : c'est par ce biais que Pierre Boulez, mon ami si cher qui a arpenté la musique jusque dans ses limites, l'explorateur de son impensé, a su provoquer le saisissement de l'histoire.

Table

Inscrivez-vous à notre newsletter !

Vous serez ainsi régulièrement informé(e)
de nos nouvelles parutions et de nos actualités :

https://www.odilejacob.fr/newsletter

Cet ouvrage a été composé
en Adobe Garamond Pro
par Facompo
à Lisieux (Calvados)

N° d'édition : 4150-1168-Z
Dépôt légal : janvier 2025

www.ingramcontent.com/pod-product-compliance
Lightning Source LLC
LaVergne TN
LVHW050610200726
843508LV00010B/1792